Dr. Dheeraj Bhimrao Lokhande

Artigos de investigação baseados em ciências informáticas sobre AR/VR, ML, DL e segurança na nuvem

Dr. Dheeraj Bhimrao Lokhande

Artigos de investigação baseados em ciências informáticas sobre AR/VR, ML, DL e segurança na nuvem

Conceito moderno em informática

ScienciaScripts

Imprint

Any brand names and product names mentioned in this book are subject to trademark, brand or patent protection and are trademarks or registered trademarks of their respective holders. The use of brand names, product names, common names, trade names, product descriptions etc. even without a particular marking in this work is in no way to be construed to mean that such names may be regarded as unrestricted in respect of trademark and brand protection legislation and could thus be used by anyone.

Cover image: www.ingimage.com

This book is a translation from the original published under ISBN 978-620-7-46701-3.

Publisher:
Sciencia Scripts
is a trademark of
Dodo Books Indian Ocean Ltd. and OmniScriptum S.R.L publishing group

120 High Road, East Finchley, London, N2 9ED, United Kingdom
Str. Armeneasca 28/1, office 1, Chisinau MD-2012, Republic of Moldova, Europe
Printed at: see last page
ISBN: 978-620-8-15886-6

Conteúdo

1. tecnologia AR e VR
Dr. D. B Lokhande

RESUMO

A investigação sobre a realidade aumentada e a tecnologia de realidade virtual é uma das direcções mais importantes no campo das tecnologias da informação atualmente, estas duas tecnologias têm sido aplicadas em muitos campos diferentes, tais como a educação, a cura, a construção, o militar, o entretenimento e a investigação em engenharia estão a melhorar simultaneamente, enquanto a investigação sobre a avaliação destas duas tecnologias e a promoção de programas de otimização baseados na experiência A experiência do utilizador é bastante invulgar. Este artigo escolhe a exposição imobiliária como ponto de entrada, através da experiência comparativa das tecnologias de RA e RV no campo da exposição imobiliária, seleciona o índice de avaliação correspondente e o método quantitativo, depois realiza uma análise comparativa das consequências da avaliação das tecnologias de RV e RA e, finalmente, constrói um modelo para avaliar a experiência do utilizador das tecnologias de RA e RV

PALAVRAS-CHAVE: - Realidade aumentada e virtual, experiência do utilizador.

1. INTRODUÇÃO

Com o rápido desenvolvimento da ciência da computação, a tecnologia de interação homem-computador tem sido amplamente utilizada, além de que as tecnologias de RV e RA fazem parte das direcções de aplicação importantes. A Realidade Virtual (RV) refere-se ao facto de os observadores mergulharem diretamente no mundo tridimensional criado pelo computador, em vez de utilizarem a interface homem-máquina tradicional ou janelas, a RV integra a tecnologia de computação gráfica tridimensional, a tecnologia de deteção, a tecnologia de inteligência artificial, etc. A Realidade Aumentada (RA) desenvolve-se com base na tecnologia de RV, pode adicionar e localizar objectos ou informações virtuais através da utilização de computação gráfica e tecnologia de visualização e, em seguida, "colocar" os objectos virtuais com precisão no ambiente real utilizando a tecnologia de deteção, que pode fundir com sucesso os objectos virtuais e reais através de algum equipamento relacionado, de modo a conseguir a integração de informações do mundo real com o mundo virtual, trazendo uma espécie de interação em tempo real para os observadores. Os serviços de informação estão a surgir em grande escala e os serviços de aplicação destas duas tecnologias são bastante diversificados em diferentes domínios. Para captar o mercado-alvo e fidelizar a marca, os fornecedores de serviços de informação devem garantir uma boa qualidade da experiência do utilizador. Este artigo baseia-se no anjo da experiência do utilizador (UX) e oferece um estudo empírico comparativo sobre a aplicação da tecnologia AR e VR no domínio da exposição imobiliária, seleção do índice de avaliação e métodos quantitativos. Por fim, este artigo compara os resultados da avaliação da realidade aumentada e da realidade virtual, e constrói um modelo para avaliar a experiência do utilizador das duas tecnologias no domínio das exposições imobiliárias.

2. PESQUISA BIBLIOGRÁFICA

O termo "experiência do utilizador" é definido pela norma ISO 9241-210 e pelas suas instruções suplementares como todas as emoções do utilizador, incluindo as relacionadas com a emoção, a fé, o amor, a impressão cognitiva, a reação fisiológica e psicológica, o comportamento e a realização. A instrução suplementar também menciona os três elementos do sistema, do utilizador e do ambiente de utilização que afectam a experiência do utilizador. Cada fator resulta num conjunto separado de componentes, como o fator sistema, que pode ser dividido em duas direcções (caraterística de design e definição do utilizador) e três camadas (camada de serviço, camada de aplicação e camada de rede). Além disso, cada direção ou camada pode ser dividida em componentes quantitativos ou qualitativos distintos. A experiência do utilizador tem uma componente temporal; encerra todo o processo, desde a antecipação antes da experiência até à avaliação total após a experiência. Existem três técnicas principais para quantificar a qualidade: "Two types of law", "Paired Comparisons"[8] e o método frequentemente utilizado "Mean Opinion Score" (MOS), que é aconselhado pela União Internacional das Telecomunicações. Para medir as consequências da experiência do utilizador, é necessário definir a sua qualidade. Após a quantificação, podemos avaliar o resultado utilizando o subjetivo e o objetivo.

3.METODOLOGIA

A tecnologia de RV tem duas caraterísticas distintas. Por outro lado, a tecnologia de RV tem um vasto leque de aplicações, pelo que a investigação sobre a sua modelação, desenho, interação homem-computador e outros aspectos tem de integrar resultados de estudos em vários domínios, incluindo a matemática, a física, a eletrónica, a cibernética, a informática, a psicologia e a inteligência artificial. Utilizamos principalmente um sistema de realidade virtual de secretária para exposições imobiliárias, que se concentra na procura de soluções para questões tecnológicas, como padrões de tráfego, factores ambientais e instalações comerciais e municipais próximas.

Comparação de três processos UX:-

Durante a fase típica da exposição imobiliária, o mapa da área, o quadro de areia, a planta, a maquete de um apartamento, a casa de amostra, etc. são os principais componentes do seu conteúdo. Os clientes só podiam aprender as informações relevantes através das explicações vocais dos vendedores, e a única forma de ganhar experiência de utilizador era visitando uma casa de amostra.

O conteúdo da fase típica de exposição de imóveis consiste principalmente no mapa da região, no quadro de areia e numa planta baixa, numa planta de apartamento, numa casa modelo, etc. Os clientes limitavam-se a receber as informações relevantes a partir das descrições verbais dos vendedores e a visitar apenas

A experiência do utilizador pode ser um exemplo de casa. Em comparação com a apresentação do método padrão de transação imobiliária, o procedimento baseado na experiência de RV/RA, etc., apesar de existirem mais artigos e livros sobre o assunto, a realidade aumentada humana como campo ainda é tão nova que não existe uma definição consensual. Papagiannis (2017) não define a realidade aumentada no seu livro "Augmented Human", que se centra sobretudo na promessa da tecnologia. Para efeitos deste artigo e de toda a comunidade académica, propomos a seguinte definição O estudo de metodologias, tecnologias e respectivas aplicações para melhorar a perceção, a ação e/ou as capacidades cognitivas humanas é conhecido como human augmentation. Para tal, são utilizadas técnicas de inteligência artificial (IA), fusão e cisão de informação e tecnologias de sensores e atuação. Podem também ser utilizadas três grandes categorias de melhoramento para classificar o melhoramento humano: Através do processamento da informação multimodal disponível e do fornecimento de conteúdos ao ser humano através de determinados sentidos humanos, são conseguidos sentidos melhorados (também conhecidos como sentidos alargados). A audição, o paladar, o olfato, o sentido háptico e a visão melhorados são exemplos de subclasses. Ao detetar actividades humanas e traduzi-las em acções equivalentes em ambientes próximos, distantes ou virtuais, consegue-se uma ação aumentada. Aumento motor, força e movimento amplificados, entrada de voz, controlos baseados no olhar, teleoperação, presença remota e outras subclasses são exemplos de subclasses. Para conseguir uma cognição aumentada (também conhecida como cognição melhorada), é necessário identificar o estado cognitivo atual do utilizador, interpretá-lo com precisão utilizando técnicas analíticas e, em seguida, modificar a resposta do computador para satisfazer essas necessidades, num continuum com o nível de aumento representado no eixo y. Uma experiência de utilizador mais direta e orgânica é proporcionada às pessoas por um ser humano melhorado, que combina muitas tecnologias e paradigmas de IU.

Nível de aumento

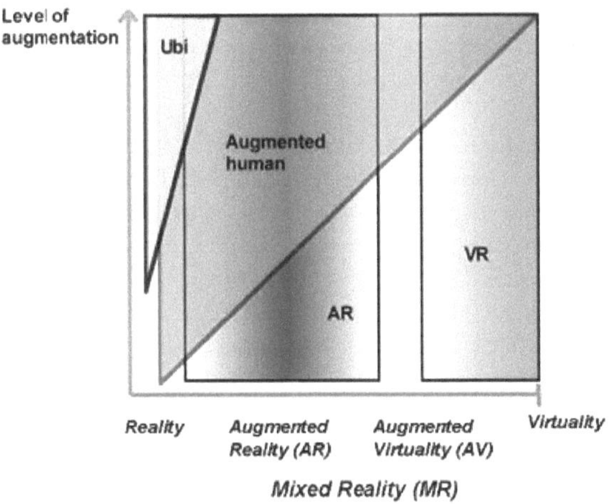

Realidade Aumentada   *Realidade Aumentada*
Realidade (AR)   *Virtualidade (A V)*
Realidade mista (RM)

Figura 1: mostra uma expansão da virtualidade-realidade de Milgram

3. Aumento da capacidade humana no passado e no presente

Nesta secção, apresentamos uma panorâmica da investigação recente sobre a interação homem-tecnologia que é pertinente para o melhoramento humano. São apresentados exemplos de várias estratégias para aumentar os sentidos, a ação e a cognição. O objetivo da secção é familiarizar o leitor com os procedimentos, estruturas e experiências que demonstram o enorme potencial deste campo e a diversidade de áreas relacionadas.

3.1. Sentidos melhorados:-

O emprego de técnicas e tecnologias para melhorar os sentidos existentes ou compensar deficiências sensoriais (principalmente visuais e auditivas) são ambos exemplos de sentidos melhorados. No primeiro cenário, os sentidos saudáveis adicionais actuam como apoio ou amplificam consideravelmente os dados sensoriais dos sentidos comprometidos. Por exemplo, os sinais de fala para uma pessoa surda podem ser utilizados para descrever o ambiente a uma pessoa cega utilizando actuadores hápticos (Maidenbaum et al., 2014; Shull e Damian, 2015). (Novich e Eagleman, 2015). No segundo cenário, são utilizados sensores adicionais para observar sinais que estão fora do âmbito dos sentidos humanos e depois modificá-los para uma forma utilizável pelos humanos (Evreinov et al., 2017; Farooq, 2017). Numerosos avanços tecnológicos podem melhorar os sentidos humanos para além do seu

Outras tecnologias de aumento inovadoras incluem os "olhos assistidos", que melhoram as capacidades cognitivas dos utilizadores através da deteção automática e da correlação de coisas atualmente visíveis com conhecimentos previamente armazenados, ou os "olhos hápticos", que permitem ao utilizador sentir o que a câmara vê (Tsetserukou, 2011). (Ishiguro et al., 2010). Os seres humanos podem ouvir ruídos sub ou supersónicos e ver para além do espetro de luz visível graças às extensões espectrais (Richards, 2011). Os óculos de RA podem ter sensores e câmaras deste tipo. O alcance dos sentidos humanos pode ser aumentado utilizando câmaras de luz quase ultravioleta (UV) e quase infravermelha (IR). Estas câmaras são também bastante acessíveis. As modernas câmaras térmicas (de ondas longas) de infravermelhos podem ser compactas, baratas e oferecem perspectivas interessantes para uma variedade de utilizações, incluindo a capacidade de ver na escuridão total.

4. CONCLUSÃO

Há muito que os seres humanos se esforçam por melhorar as suas capacidades intrínsecas. O que significa ser uma pessoa tem sido influenciado por esta vontade de progredir. No entanto, à medida que os humanos assumem o controlo do seu próprio futuro, a evolução natural progressiva poderá em breve ficar para trás. Como espécie, somos agora mais capazes do que nunca de nos modificarmos e melhorarmos. Inúmeros avanços científicos foram influenciados pelo desejo de sermos mais rápidos, mais fortes e mais inteligentes. Em breve, seremos capazes de melhorar e alterar os nossos talentos graças a uma vasta gama de tecnologias, como o tratamento genético, os exoesqueletos, as interfaces cérebro-computador e o acesso instantâneo a todo o conhecimento do mundo. Algumas dessas tecnologias ainda precisam de ser desenvolvidas, pois estão na sua fase inicial.

A maioria destas tecnologias está a ser utilizada separadamente, com pouca ou nenhuma fusão. O desenvolvimento de um sistema integrado e inteligente de vestuário é a próxima fase crítica no processo de melhoria das capacidades humanas, como este artigo demonstrou. As tecnologias outrora díspares com vários casos de utilização estão agora a juntar-se para formar uma estrutura sólida que servirá de plataforma para o futuro Humano Aumentado. O significado de ser humano vai mudar em resultado deste desenvolvimento. No entanto, a regulamentação, bem como as normas e diretrizes globais, são cruciais para salvaguardar a privacidade, o acesso universal, etc., a essas tecnologias, devido a considerações éticas associadas a esse aumento. O bem-estar e a qualidade de vida de uma pessoa devem ser melhorados pela tecnologia de aumento, mas também devem beneficiar a comunidade.

O romancista de ficção científica e futurista Sir Arthur C. Clarke disse uma vez: "Qualquer tecnologia suficientemente desenvolvida é indistinguível da magia10." Um domínio em que os desenvolvimentos recentes têm claramente o potencial para tornar isto uma realidade é o melhoramento humano. O potencial possibilitado pela ciência e tecnologia contemporâneas pode ser concretizado através de tecnologias de aumento vestíveis e técnicas de interação associadas, beneficiando a humanidade de formas anteriormente inimagináveis.

5. Referências

[1]Abascal J., Azevedo L., 2007. Fundamentos do Design de IHC Inclusivo. In: Stephanidis C.(eds)Universal Access in Human-Computer Interaction. CopingwithDiversity.UAHCI2007.

[2]Abbass, H.A., Tang, J., Amin, R., Ellejmi, M., Kirby, S., 2014.Augmented cognition using real-time EEG-based adaptive strategies for air traffic control. In: Proceedings of the human factorsandergonomics societyannual meeting(58, 1).SAGE Publications,pp. 230-234.orientação de esquiadores.

[3]In:ACM Int. Conf. on Augmented Human (AH'16).ACM,Artigo25.Agrawal,R.,Gupta,N., 2016.Realtimehandgesturerecognitionforhumancomputer interaction. In: IEEE6th International Conference on Advanced Computing(IACC),pp.470-475.

[4] Akkil, D., Lucero, A., Kangas, J., Jokela, T., Salmimaa, M., Raisamo, R., 2016.User Expectations of Everyday Gaze Interaction on Smart glasses. In: Actas da 9ª Conferência Nórdica sobre Interação Homem-Computador (NordiCHI'16). ACM. Artigo 24.

[5]Sutherland I E. The ultimate display [J]. Multimédia: De Wagner à Realidade Virtual, 1965.

[6]Tomcaudell A. Ratboeing [EB/OL].http://www.ipo.tue.nllhomepages/mrauterb/

presentations/ HCI2history/tsld096. htm. 1990.

[7]DTS I S O. 9241-210: 2010. Ergonomia da interação entre sistemas humanos - parte 210: Conceção centrada no ser humano para sistemas interactivos [J]. Organização Internacional de Normalização (ISO). Suíça, 2009.

[8]Hassenzahl M, Tractinsky N. User experience: A research agenda. Behavior & Information Technology,2006, 25(2): 91-97.

[9]Volk M, Sterle J, Sedlar U, et al. An approach to modeling and control of QOE in next generation networks next generation telco it architectures [J].Communications Magazine, IEEE, 2010, 48(8): 126-135.

[10]Roto V, Law E L, Vermeeren A P, et al. Livro branco sobre a experiência do utilizador: Resultados do seminário de Dagstuhl que demarca a experiência do utilizador [J]. 20IO.

[11]Agboma F, Liotta A. QOE-aware QPS management[C]// Proceedings of the 6th International Conference on Advances in Mobile Computing and Multimedia. ACM,2008: 111-116.

[12]Chen K T, Wu C C, Chang Y C, et al. A crowd source able QOE evaluation framework for multimedia content [C]// Proceedings of the 17th ACM international conference on Multimedia. ACM, 2009: 491-500.

[13] União Internacional das Telecomunicações. Telecommunication standardization sector methods for subjective determination of transmission quality [M].International TelecommunicationUnion, 1996.

[14] *(PDF) Investigação comparativa da tecnologia AR e VR com base na experiência do utilizador*. Disponível em

De: https://www.researchgate.net/publication/287060269_Comparative_research_of_A R_and_VR_technology_based_on_user_experience acedido em 09 de novembro de 2023.

2. Uma rede neural profunda na previsão do desempenho dos alunos

Dr. D.B.Lokhande

Resumo: - Nos últimos anos, a aprendizagem profunda e a extração de dados educativos têm atraído muita atenção. Este estudo recomenda a utilização do modelo Deep Neural Network (DNN) para mostrar aos alunos em que turma se encontram. Isto dá à escola conhecimento, permitindo-lhe sugerir uma solução para os alunos que estão a reprovar. O modelo de rede neural profunda proposto supera os métodos de aprendizagem automática existentes em termos de precisão, atingindo uma precisão de até 85,4%. O sucesso dos estudantes nos seus estudos é uma preocupação comum das instituições de ensino superior. As instituições académicas utilizam uma série de ferramentas, como exames físicos, técnicas estatísticas e, mais recentemente, técnicas de extração de dados, para estimar a percentagem de estudantes bem sucedidos antes ou durante os seus cursos. A ausência de um sistema para avaliar e acompanhar o desempenho e o progresso académico dos alunos ainda não foi resolvida. As instituições de ensino superior raramente avaliam o desempenho académico dos alunos, o que resulta num desempenho académico deficiente.

Palavras-chave- Deep Neural Network; desempenho do aluno; académico; data mining; EDM;

1. INTRODUÇÃO:

Com o aparecimento das técnicas de extração de dados, os académicos foram inspirados a tentar utilizá-las no sector da educação para descobrir informações a partir dos dados dos estudantes disponíveis nas instituições de ensino superior. A extração de dados pode ser utilizada na educação para melhorar a nossa compreensão do processo de aprendizagem, centrando-se na descoberta, extração e avaliação de factores ligados aos processos de aprendizagem dos estudantes. As técnicas de extração de dados podem ser utilizadas para estimar associações inesperadas entre as caraterísticas dos estudantes, bem como correlações entre tácticas de aprendizagem e exames. Para além dos métodos estatísticos tradicionais para extrair e processar as informações mais valiosas de grandes conjuntos de dados, as técnicas de extração de dados oferecem um enorme potencial para a descoberta de conhecimentos porque combinam muitas disciplinas, como a aprendizagem automática e a inteligência artificial, numa técnica avançada para estimar grandes conjuntos de dados. A previsão do desempenho académico dos alunos despertou recentemente o interesse dos académicos envolvidos em extração de dados educativos (EDM). [1-5]

A prospeção de dados no domínio da educação pode ser utilizada para prever o desempenho dos alunos[10], dar feedback aos professores e melhorar as técnicas de ensino/aprendizagem. O objetivo da previsão é criar um modelo que possa inferir uma componente específica dos dados, que é a variável prevista, que é o mesmo que as variáveis dependentes na análise estatística tradicional. A extração de dados é bem conhecida pelo seu poderoso papel na descoberta de informações ocultas, na descoberta de padrões de dados [12] e na organização de informações de relações ocultas, na estruturação de regras de associação, na estimativa de valores de itens desconhecidos para classificar objectos, na composição de grupos de objectos homogéneos e na revelação de muitos tipos de descobertas que um sistema de informação tradicional baseado em computador (CBIS) não consegue produzir facilmente a partir de grandes volumes de dados [13-16]. Estas vantagens promoveram a sua utilização numa série de indústrias, incluindo o comércio eletrónico, as finanças, a bioinformática e, mais recentemente, o sector educativo, frequentemente designado por dados educativos. A avaliação das necessidades dos estudantes, a gestão da retenção, a gestão das inscrições, a identificação dos principais cursos, a previsão do desempenho e a melhoria dos testes de colocação são algumas das áreas de aplicação da prospeção de dados em crescimento notável no domínio da educação. [18-22]

A Extração de Dados Educativos (EDM) é uma nova área que utiliza técnicas de extração de dados para analisar dados educativos. A disciplina de Extração de Dados Educativos centra-se mais frequentemente na previsão do que no fornecimento de resultados exactos para utilização futura. [O método de extração de dados educativos transforma dados brutos de sistemas educativos em informação significativa que tem o potencial de afetar significativamente a investigação e a prática educativas[33].

2. METODOLOGIA

Neste artigo, introduzimos um modelo de classificação linear[35] da Deep Neural Network para prever o desempenho dos alunos. Este processo é seguido após o pré-processamento do conjunto de dados: Limpeza e transformação dos dados. O modelo DNN é construído utilizando python3 e tensorflow[37]. Python é uma poderosa linguagem de programação de uso geral com um rico conjunto de caraterísticas. É uma plataforma estabelecida e em rápido crescimento para a investigação científica e a computação numérica.

Python são bibliotecas, bem como praticamente todas as bibliotecas de aprendizagem automática de uso geral que podem ser utilizadas para treinar modelos de aprendizagem profunda. Todas as vantagens do ambiente Python conduzem ao Tensorflow, o pacote de topo para a análise numérica da aprendizagem profunda concebido para a linguagem Python [39]. O TensorFlow é uma estrutura de código aberto que utiliza gráficos de fluxo de dados para calcular dados numéricos. O gráfico de computação estática é outro nome para o gráfico de fluxo de dados. O programador deve começar por criar a camada de entrada e ligar cada camada de entrada à camada oculta, seguindo-se um processo semelhante da camada oculta à camada de saída. Os gráficos são compostos de tensores e operações, que definem todas as redes neurais e cálculos matemáticos. A sessão ajuda na execução do gráfico. O Tensorflow possui um módulo de Unidade de Processamento Gráfico que realiza todas as operações matriciais de forma eficaz e rápida. Após o pré-processamento dos dados, estes são separados em três partes: conjuntos de dados de treino, validação e teste. São distribuídos aproximadamente no rácio 60:20:20 (Treino/Teste). Os registos de dados nominais são codificados com etiquetas e os registos de dados numéricos são normalizados (divididos pela média), permitindo que a DNN faça previsões precisas.

Tabela 1. Codificação de etiquetas

Codificação de etiquetas	
Classes	**Formato**
Baixa	0
Médio	1
Elevado	2

Envolvemos os quadros de dados com tf.data. Isso nos permitirá usar colunas de recursos como uma ponte para mapear as colunas no quadro de dados do Pandas para os recursos usados para treinar o modelo. O TensorFlow fornece muitos tipos de colunas de recursos, como colunas numéricas, bucketizadas e cruzadas. A forma mais básica de coluna é uma coluna numérica. Ela é usada para representar caraterísticas desejáveis do mundo real. Quando você usa essa coluna, seu modelo receberá o valor da coluna do quadro de dados em sua forma original. Muitas vezes, não se pretende simplesmente introduzir um número no modelo, mas sim dividir o seu valor em grupos distintos, dependendo de intervalos numéricos. Considere os seguintes dados brutos: a idade de uma pessoa. Em vez de exprimir a idade como uma coluna numérica, poderíamos utilizar uma coluna dividida em vários grupos para dividir a idade em vários grupos. A combinação de caraterísticas numa única caraterística, também conhecida como cruzamento de caraterísticas, permite que um modelo aprenda pesos únicos para cada combinação de caraterísticas. A saída de uma coluna de caraterísticas torna-se a entrada do modelo. Como o conjunto de dados é restrito, o modelo deve ser ajustado com precisão para obter um melhor desempenho. Inicialmente, foram adicionadas ao gráfico de fluxo de dados quatro camadas ocultas com 200 neurónios cada; no entanto, isso não melhorou o modelo. Como havia apenas algumas caraterísticas, não havia necessidade de um grande número de camadas ocultas e de neurónios. O modelo foi então reduzido a duas camadas ocultas de 90 neurónios cada. Inicialização aleatória dos pesos w e da polarização b para cada camada interligada (entrada, oculta, saída). A multiplicação da matriz da primeira camada oculta é passada para um linear rectificado chamado ativação relu, entrada x como neurónio onde está ligado a todos os neurónios da primeira camada oculta.

$$f(x) = \max(x, 0) \qquad —(1)$$

A multiplicação da matriz com a camada seguinte é utilizada para calcular todos os neurónios na segunda camada oculta que são acionados pela função de ativação RELU. O cálculo da matriz é enviado para uma função de ativação separada denominada softmax na segunda camada oculta. A função softmax condensa a saída numa distribuição de probabilidade categórica que fornece a probabilidade da classe que é provável ser a saída. Aqui, z representa o vetor da camada de entrada para a camada de saída, e j representa o índice das unidades de saída. A saída é então fornecida à função de custo, que a compara com a saída real. O erro é devolvido pela função de custo, e este erro é transmitido a uma função de otimização chamada função optimizadora Adam no Tensorflow. A função de otimização modifica os pesos das camadas para que a função de custo forneça um valor de erro mais baixo. Como modelámos dois rótulos, utilizámos a entropia cruzada categórica esparsa para calcular a perda de entropia cruzada entre os rótulos e as previsões. A função de ativação, a função de perda e o algoritmo de otimização de um modelo de rede neural desempenham todos papéis críticos no treino rápido e bem sucedido de um modelo e na geração de resultados corretos. Uma vez construído o gráfico de fluxo de dados, o gráfico de computação estático deve ser ativado para ser executado. Os gráficos de computação podem ser activados utilizando a sessão do tensorflow. Instanciando a sessão e passando as entradas de dados para a função de execução. Neste modelo, é definida uma época de 50 em que o gráfico computacional é iterado 50 vezes para obter uma maior precisão.

3. **RESULTADOS:**

Utilizando a biblioteca matplotlib, obtivemos a representação visual da precisão, utilizámos duas medidas que são a função de perda e a precisão.

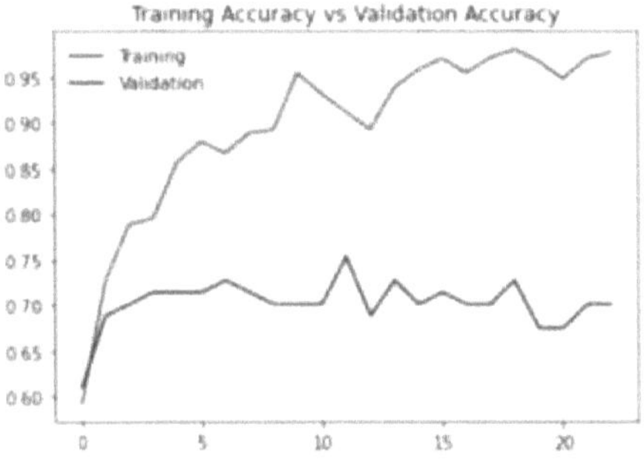

Figura 1. Função de exatidão

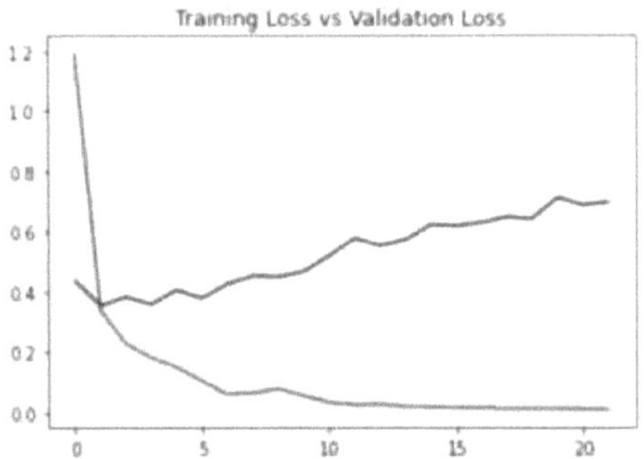

Figura 2. Função de perda

Inicialmente, a função de custo é muito elevada, mas acaba por diminuir consideravelmente. O número de épocas dado foi de 50, mas como adicionámos uma paragem precoce para evitar o treino excessivo com uma paciência de 20, verificámos que após 25 épocas o modelo não treina consideravelmente e começa a inverter os pesos, levando assim ao aumento do erro de custo.

4. CONCLUSÃO:

Neste artigo, é proposto um modelo de rede neural profunda para prever o desempenho dos alunos. É a primeira vez que se utiliza uma rede neural profunda para a extração de dados educativos e a previsão do desempenho dos alunos. Através da experiência, verificámos que uma rede neural profunda pode ter um melhor desempenho, mesmo com uma menor quantidade de dados, se tiver um conhecimento profundo do conjunto de dados e um ajuste de qualidade do modelo. O modelo proposto alcançou uma precisão de 85,4%. Com registos e caraterísticas de conjuntos de dados maiores, uma DNN pode atingir uma precisão mais elevada e superar outros algoritmos de aprendizagem automática. Este modelo é fiável e pode ajudar a prever o desempenho de um aluno e a identificar antecipadamente os alunos com maiores probabilidades de reprovação, a fim de os remediar.

REFERÊNCIAS

[1] . Miss. Kamble Sunayana Nivrutti, Prof. Gund V.D., et al, "Sistema de autenticação biométrica multimodal usando fusão de impressão digital e íris", Jornal Internacional de

Tendências em Pesquisa e Desenvolvimento Científico (IJTSRD), 2018, Vol 2, Edição 6, pp 12821286

[2] . Kazi K. S., "Significance And Usage Of Face Recognition System", Scholarly Journal For Humanity Science And English Language, 2017, Vol 4, Issue 20, pp 4764-4772.

[3] . Prof. Nagarkar Raviraj Prakash, et al., "Pose invariant Face Recognition using Neural Networks and PCA", International Engineering Journal For Research & Development, Vol 4 special issue, pp 1 - 4. https://doi. org/10.17605/OSF.IO/CEVUG

[4] . Miss. A. J. Dixit, et al, "Iris Recognition by Daugman's Method", International Journal of Latest Technology in Engineering, Management & Applied Science, 2015, Vol 4, Issue 6, pp 90-93.

[5] . Wale Anjali D., Rokade Dipali, et al, "Sistema de agricultura inteligente usando IoT", Jornal Internacional de Pesquisa Inovadora em Tecnologia, 2019, Vol 5, Edição 10, pp.493497.

[6] . Pankaj R Hotkar, Vishal Kulkarni, et al, "Implementação de baixo consumo de energia e área eficiente carry select Adder", Revista Internacional de Pesquisa em Engenharia, Ciência e Gestão, 2019, Vol 2, Edição 4, pp. 183-184.

[7] . Karale Nikita, Jadhav Supriya, et al, "Design of Vehicle system using CAN Protocol", International Journal of Research in Applied science and Engineering Technology, 2020, Vol 8, issue V, pp. 1978-1983, http://doi.org/10.22214/ijraset.2020.5321

[8] . Kutubuddin Kazi, "Lassar Methodology for Network Intrusion Detection", Scholarly Research Journal for Humanity science and English Language, 2017, Vol 4, Issue 24, pp.6853-6861.

[9] . Prof. Kazi K.S., Miss Argonda U A, "Documento de revisão para projeto e simulação de uma antena Patch usando HFSS", Revista Internacional de Tendências em Pesquisa e Desenvolvimento Científico, 2018, Vol 2, issue-2, pp. 158- 160.

[10] . Yogita Shirdale, et al, "Análise e projeto de antena de microfita de banda larga acoplada capacitiva nas bandas C e X: A Survey", Journal GSD-International society for green, Sustainable Engineering and Management, 2014, Vol 1, issue 15, pp. 1-7.

[11] . Prof. Kazi Kutubuddin Sayyad Liyakat, "Situation Invariant face recognition using PCA and Feed Forward Neural network", Proceeding of International Conference on Advances in Engineering, Science and Technology, 2016, pp. 260- 263.

[12] . Prof. Kazi Kutubuddin Sayyad Liyakat, "An Approach on Yarn Quality Detection for Textile Industries using Image Processing", Proceeding of International Conference on Advances in Engineering, Science and Technology, 2016, pp. 325-330.

[13] . Shweta Nagare, et al., "Different Segmentation Techniques for brain tumor detection: A Survey", MM- International society for green, Sustainable Engineering and Management, 2014, Vol 1, issue 14, pp.29-35.

[14] . Miss. A. J. Dixit, et al, "A Review paper on Iris Recognition", Journal GSD International society for green, Sustainable Engineering and Management, 2014, Vol 1, issue 14, pp. 71-81.

[15] . Prof. Suryawanshi Rupali, et al, "Situation Invariant face recognition using Neural Network", Revista Internacional de Tendências em Investigação Científica e Desenvolvimento (IJTSRD), 2018, Vol 2, issue-4, pp. 995-998.

[16] . Shweta Nagare, et al., "An Efficient Algorithm brain tumor detection based on Segmentation and Thresholding", Journal of Management in Manufacturing and services, 2015, Vol 2, issue 17, pp.19-27.

[17]   . Miss. A. J. Dixit, et al, "Iris Recognition by Daugman's Algorithm - an Efficient Approach", Journal of applied Research and Social Sciences, 2015, Vol 2, issue 14, pp. 14.

[18]   . Kazi K. S., Shirgan S S, " Face Recognition based on Principal Component Analysis and Feed Forward Neural Network", Conferência Nacional sobre Tendências Emergentes em Engenharia, Tecnologia, Arquitetura, 2010, pp. 250-253.

[19]   . Yogita Shirdale, et al., "Coplanar capacitive coupled probe fed micro strip antenna for C and X band", International Journal of Advanced Research in Computer and Communication Engineering, 2016, Vol 5, Issue 4, pp. 661-663.

[20]   . Ravi Aavula, Amar Deshmukh, V A Mane, et al, "Conceção e implementação de um sistema de recordação baseado em sensores e IoT para uma pessoa fechada", Telematique, 2022, Vol 21, Issue 1, pp. 2769-2778.

[21]   . M. Sunil Kumar, D. Ganesh et al, "Solução baseada em Rede Neural de Convolução Profunda para a deteção de doenças planas", Revista Internacional de Resultados Negativos Farmacêuticos, 2022, Vol 13, Edição Especial 1, pp. 464-471

[22]   . Dr. Kazi Kutubuddin et al , "Desenvolvimento de um sistema de aprendizagem automática para a epilepsia
Previsão de convulsões utilizando a Web of Things (WoT) " , NeuroQuantology, 2022, Vol 20, Issue 8, pp. 9394- 9409

[23]   . Salunke Nikita, et al, "Announcement system in Bus", Journal of Image Processing and Intelligent remote sensing, 2022, Vol 2, issue 6

3. UM ESTUDO EXAUSTIVO SOBRE A APRENDIZAGEM DE MÁQUINAS

NA AGRICULTURA

Dr. D.B.Lokhande

Resumo: A agricultura sofreu uma transformação digital que transformou várias funções de gestão em sistemas artificialmente inteligentes, num esforço para extrair valor da quantidade crescente de dados provenientes de várias fontes. O aprendizado de máquina, um ramo da inteligência artificial, tem um grande potencial para resolver muitas dificuldades no desenvolvimento de sistemas agrícolas baseados no conhecimento, revisando totalmente a literatura acadêmica recente usando as palavras-chave aprendizado de máquina "junto com gerenciamento de safras, gerenciamento de água, gerenciamento de solo e gerenciamento de gado", e o presente estudo visa lançar luz sobre o aprendizado de máquina na agricultura. Apenas os artigos de revistas publicados entre 2018 e 2020 foram considerados elegíveis. Os resultados mostraram que este tópico é relevante para várias disciplinas que apoiam a pesquisa de convergência global. Além disso, verificou-se que a gestão das culturas foi o foco principal. Foram utilizados muitos algoritmos de aprendizagem automática diferentes, sendo os algoritmos baseados em redes neurais artificiais os mais eficazes. Além disso, as culturas e os animais mais estudados foram o trigo e o milho, bem como o gado bovino e ovino. A fim de obter dados de entrada fiáveis para as análises de dados, foi utilizada uma variedade de sensores montados em satélites e veículos terrestres e aéreos não tripulados.

Palavras-chave: Aprendizagem automática; gestão da água; gestão do solo; gestão pecuária; inteligência artificial; gestão de culturas;

1. INTRODUÇÃO

a. Contexto geral - Aprendizagem de máquinas na agricultura

A agricultura moderna tem de lidar com vários desafios, incluindo a crescente procura de alimentos, como consequência da explosão global da população da Terra, das alterações climáticas, do esgotamento dos recursos naturais, da alteração das escolhas alimentares, bem como das preocupações com a segurança e a saúde [1]. Para fazer face às questões acima referidas, que pressionam o sector agrícola, existe uma necessidade urgente de otimizar a eficácia das práticas agrícolas e, simultaneamente, diminuir a carga ambiental. Em particular, estes dois factores essenciais têm impulsionado a transformação da agricultura em agricultura de precisão. Esta modernização da agricultura tem um grande potencial para assegurar a sustentabilidade, a máxima produtividade e um ambiente seguro. Em geral, a agricultura inteligente baseia-se em quatro pilares fundamentais para fazer face às necessidades crescentes: (a) gestão optimizada dos recursos naturais, (b) conservação do ecossistema, (c) desenvolvimento de serviços adequados e (d) utilização de tecnologias modernas[2]. Um pré-requisito essencial da agricultura moderna é, sem dúvida, a adoção das tecnologias da informação e da comunicação (TIC), que é promovida pelos decisores políticos em todo o mundo. As TIC podem incluir, a título indicativo, sistemas de informação de gestão agrícola, sensores de humidade e de solo, acelerómetros, redes de sensores sem fios, câmaras, drones, satélites de baixo custo, serviços em linha e veículos guiados automaticamente [3-6].

O grande volume de dados, produzido pelas tecnologias digitais e geralmente designado por "big data", necessita de grandes capacidades de armazenamento, para além da edição, análise e interpretação. Esta última tem um potencial considerável para acrescentar valor à sociedade, ao ambiente e aos decisores. No entanto, os grandes volumes de dados apresentam desafios devido aos seus requisitos denominados "5-V": (a) Volume, (b) Variedade, (c) Velocidade, (d) Veracidade e (e) Valor. As técnicas convencionais de processamento de dados são incapazes de satisfazer as exigências em constante crescimento na nova era da agricultura inteligente, o que constitui um importante obstáculo à extração de informações valiosas dos dados de campo. Para o efeito, surgiu a aprendizagem automática (ML), que é um subconjunto da inteligência artificial, tirando partido do crescimento exponencial da capacidade de computação. [7-9]

Há uma infinidade de aplicações de ML na agricultura. De acordo com o recente levantamento bibliográfico, relativo ao período de 2004 a 2018, foram identificadas quatro categorias genéricas (Figura 1). Estas categorias referem-se à gestão das culturas, da água, do solo e do gado [1]. Em particular, no que diz respeito à gestão de culturas, representou a maioria dos artigos entre todas as categorias (61% do total de artigos) e foi subdividida em:

[10] _ Previsão de rendimento;

Deteção de doenças;

Deteção de ervas daninhas;

Reconhecimento das culturas;

Qualidade das colheitas.

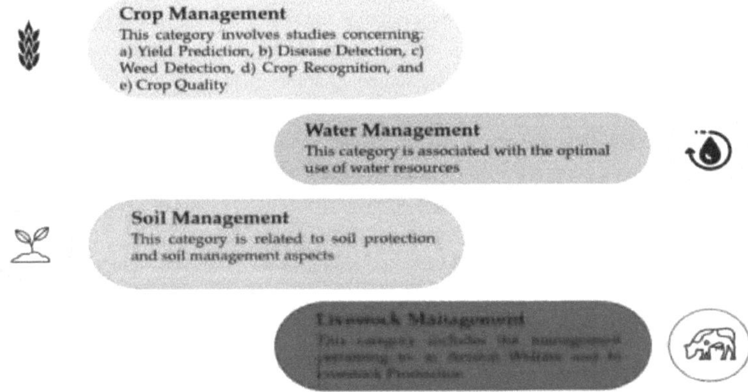

Figura 1. As quatro categorias genéricas na agricultura que exploram as técnicas de aprendizagem automática,

b. *Problemas em aberto associados à aprendizagem automática na agricultura*

Devido à vasta gama de aplicações do ML na agricultura, foram publicadas várias revisões neste domínio de investigação. A maioria destes estudos de revisão foi dedicada à deteção de doenças nas culturas, deteção de ervas daninhas, previsão de rendimento, reconhecimento de culturas, gestão da água, bem-estar animal e produção animal. Além disso, outros estudos incidiram na aplicação de métodos de ML nas principais culturas de cereais, investigando diferentes aspectos, incluindo a qualidade e a deteção de doenças[11] . Por último, tem sido dada ênfase à análise de grandes volumes de dados com recurso ao ML, com o objetivo de encontrar problemas da vida real que tenham origem na agricultura inteligente, ou de lidar com métodos de análise de dados hiperespectrais e multiespectrais. [12]

Embora o ML na agricultura tenha feito progressos consideráveis, subsistem vários problemas em aberto, que têm alguns pontos de referência comuns, apesar de o tema abranger uma variedade de subdomínios. De acordo com o Eurostat, os principais problemas estão associados à implementação de sensores nas explorações agrícolas por várias razões, incluindo os elevados custos das TIC, as práticas tradicionais e a falta de informação[13-15]. Além disso, a maioria dos conjuntos de dados disponíveis não reflecte casos realistas, uma vez que são normalmente gerados por algumas pessoas que obtêm imagens ou espécimes num curto espaço de tempo.

período de tempo e de uma área limitada[16-20].

c. *Objetivo do nosso estudo*

Como já foi referido, devido às múltiplas aplicações do ML na agricultura, foram publicados recentemente vários estudos de revisão. No entanto, estes estudos concentram-se geralmente apenas num subdomínio da produção agrícola. Motivados pelos enormes progressos actuais no domínio do ML, pelo interesse crescente a nível mundial e pelo seu impacto em vários domínios da agricultura, apresentamos um levantamento bibliográfico sistemático sobre o leque de categorias [22], que foram resumidas na Figura 1. Em particular, concentramo-nos na revisão da literatura relevante dos últimos três anos (2018-2020) com a intenção de fornecer uma visão actualizada das aplicações de ML nos sistemas agrícolas[24-27].

2. REVISÃO DA LITERATURA

Em geral, o objetivo dos algoritmos de aprendizagem automática é otimizar o desempenho de uma tarefa, explorando exemplos ou experiências passadas. Em particular, o ML pode gerar relações eficientes relativamente às entradas de dados e reconstruir um esquema de conhecimento[28]. Nesta metodologia orientada para os dados, quanto mais dados forem utilizados, melhor será o funcionamento do ML. Isto é semelhante à forma como um ser humano executa uma determinada tarefa ao ganhar mais experiência. O resultado central do ML é uma medida de generalização; o grau em que o algoritmo de ML tem a capacidade de fornecer previsões corretas, quando são apresentados novos dados, com base em regras aprendidas originadas pela exposição anterior a dados semelhantes[29].

Mais especificamente, os dados envolvem um conjunto de exemplos, que são descritos por um grupo de caraterísticas, normalmente designadas por caraterísticas. Em termos gerais, os sistemas de AM funcionam em dois processos, nomeadamente a aprendizagem (utilizada para formação) e o teste. Para facilitar o primeiro processo, estas caraterísticas formam normalmente um vetor de caraterísticas que pode ser binário, numérico, ordinal ou nominal[30]. Este vetor é utilizado como entrada na fase de aprendizagem. Em resumo, ao basear-se em dados de formação, na fase de aprendizagem, a máquina aprende a executar a tarefa com base na experiência. Quando o desempenho da aprendizagem atinge um ponto satisfatório (expresso através de relações matemáticas e estatísticas), termina. Subsequentemente, o modelo que foi desenvolvido através do processo de formação pode ser utilizado para classificar, agrupar ou prever[32].

3. MÉTODO DE APRENDIZAGEM AUTOMÁTICA

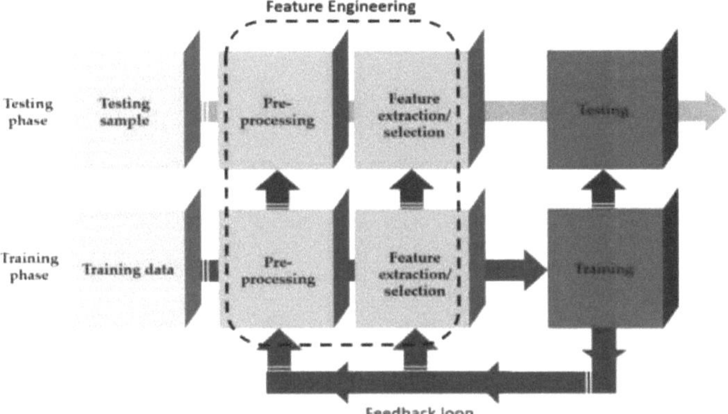

Figura 2. Ilustração gráfica de um sistema típico de aprendizagem automática.

Com base no tipo de aprendizagem, o ML [33] pode ser classificado de acordo com a literatura relativa como:

_ Aprendizagem supervisionada: A entrada e a saída são conhecidas e a máquina tenta encontrar a melhor forma de alcançar uma saída dada uma entrada;

_ Aprendizagem não supervisionada: Não são fornecidas etiquetas, deixando que o próprio algoritmo de aprendizagem gere a estrutura dentro da sua entrada;

Aprendizagem semi-supervisionada: Os dados de entrada constituem uma mistura de dados etiquetados e não etiquetados;

_ Aprendizagem por reforço: As decisões são tomadas com o objetivo de descobrir acções que possam conduzir a um resultado mais positivo, enquanto que o resultado é determinado unicamente pelo método de tentativa e erro e pelo atraso nos resultados[35,36].

Hoje em dia, o ML é utilizado para facilitar vários aspectos da gestão na agricultura e numa infinidade de outras aplicações, como o reconhecimento de imagens, o reconhecimento da fala, a condução autónoma, a deteção de fraudes com cartões de crédito, a previsão do mercado bolsista, a mecânica dos fluidos, a filtragem de correio eletrónico, spam e malware, o diagnóstico médico, a deteção de contaminação em redes urbanas de água e o reconhecimento de actividades, para citar apenas algumas[38-40].

4. DISCUSSÃO

A matriz de confusão constitui uma das métricas mais intuitivas para determinar a correção de um modelo. É utilizada para problemas de classificação, em que o resultado pode ser de, pelo menos, dois tipos de classes. Consideremos um exemplo simples, atribuindo um rótulo a uma variável-alvo: por exemplo, "1" quando uma planta foi infetada por uma doença e "0" no caso contrário. Neste caso simplificado, a matriz de confusão (Figura 3) é uma tabela 2 x 2 com duas dimensões, nomeadamente "Real" e "Previsto", sendo as suas dimensões o resultado da comparação entre as previsões e o rótulo da classe real. Relativamente ao exemplo simplificado acima, este resultado pode adquirir os seguintes valores

_ Verdadeiro positivo (TP): A planta tem uma doença (1) e o modelo classifica este caso como doente (1);

_ Verdadeiro negativo (TN): A planta não tem uma doença (0) e o modelo classifica este caso como uma planta saudável (0);

Falso positivo (FP): A planta não tem uma doença (0), mas o modelo classifica este caso como doente (1); Falso negativo (FN): A planta tem uma doença (1), mas o modelo classifica este caso como uma planta saudável (0).

Actual

		1	0
Predicted	1	TP	FP
	0	FN	TN

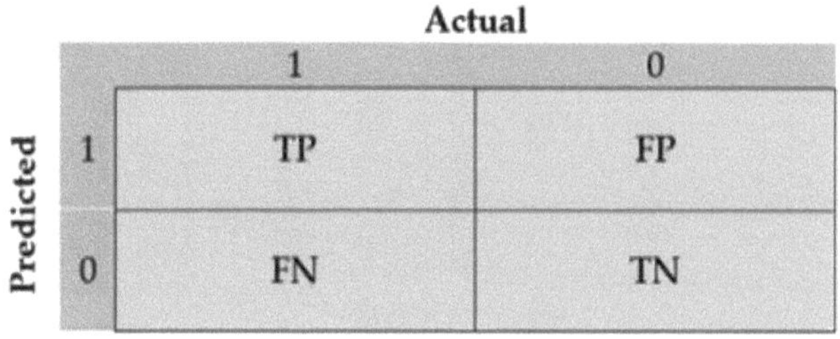

Figura 3. Ilustração representativa de uma matriz de confusão simplificada.

Foi implementada uma vasta gama de algoritmos de ML nos estudos selecionados. Os algoritmos de ML que foram utilizados por cada estudo, bem como os que forneceram os melhores resultados. Estes algoritmos

podem ser classificados nas oito grandes famílias de modelos de ML, que estão resumidas na Tabela A10. A Figura 4 centra-se nos modelos de ML com melhor desempenho como forma de captar uma imagem geral da situação atual e demonstrar os avanços, como se pode demonstrar em

Na Figura 4, o modelo de AM mais frequente que forneceu o melhor resultado foi, de longe, as redes neuronais artificiais (RNA), que apareceram em quase metade dos estudos analisados (nomeadamente, 51,8%). Mais especificamente, os modelos RNA forneceram os melhores resultados na maioria dos estudos relativos a todas as subcategorias. As RNA foram inspiradas nas redes neurais biológicas que compõem o cérebro humano, permitindo a aprendizagem através de exemplos de dados representativos que descrevem um fenómeno físico. Uma caraterística distinta das RNA é o facto de poderem desenvolver relações entre variáveis dependentes e independentes, extraindo assim informações úteis de conjuntos de dados representativos.

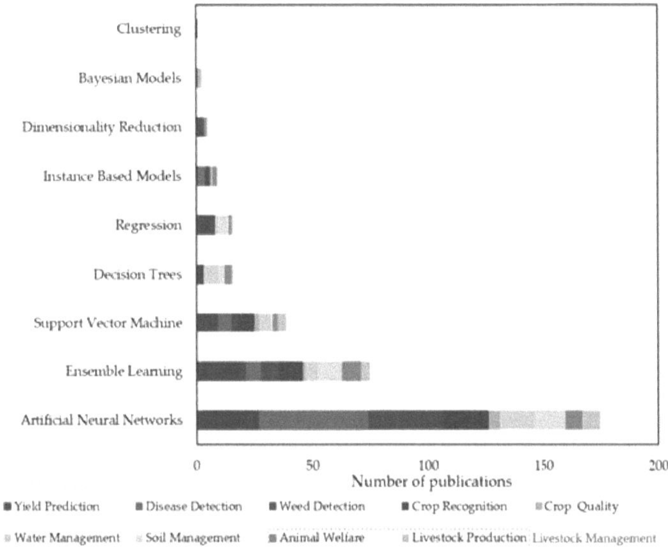

Figura 4. Modelos de aprendizagem automática que dão o melhor resultado.

5. CONCLUSÃO-

Para o efeito, foi efectuada uma análise exaustiva da situação atual relativamente às quatro categorias genéricas identificadas. Estas categorias dizem respeito à gestão das culturas, da água, do solo e do gado. Assim, através de uma revisão da literatura relativa aos últimos três anos (20182020), vários aspectos foram analisados com base numa abordagem integrada. Em resumo, podem ser tiradas as seguintes conclusões principais:_ A maioria dos artigos de revistas centrou-se na gestão das culturas, enquanto as outras três categorias genéricas contribuíram quase em igual percentagem. Considerando o estudo de referência, pode deduzir-se que o quadro acima se mantém, mais ou menos, o mesmo, com a única diferença a ser a diminuição da percentagem dos artigos relativos à pecuária de 19% para 12% em favor dos que se referem à gestão das culturas. No entanto, isto revela apenas uma face da moeda. Tendo em conta o enorme aumento do número de artigos relativos publicados nos últimos três anos (em particular, 40 artigos em comparação com os 338 da presente pesquisa bibliográfica), foram encontradas aproximadamente 400% mais publicações sobre gestão de gado. Outra descoberta importante foi o crescente interesse da investigação no reconhecimento de culturas.

REFERÊNCIAS-

[1] . Wale Anjali D., Rokade Dipali, et al, "Sistema de agricultura inteligente usando IoT", *Jornal Internacional de Pesquisa Inovadora em Tecnologia*, 2019, Vol 5, Edição 10, pp.493-497.

[2] . Miss. Kamble Sunayana Nivrutti, Prof. Gund V.D., et al, "Sistema de autenticação biométrica multimodal usando fusão de impressão digital e íris", *Jornal Internacional de Tendências em Pesquisa e Desenvolvimento Científico (IJTSRD),* Set-Out 2018, Vol 2, Edição 6, pp 1282-1286

[3] . Kazi K. S., "Significance And Usage Of Face Recognition System", *Scholarly Journal For Humanity Science And English Language,* Feb-March 2017, Vol 4, Issue 20, pp 4764-

4772.

[4] . Prof. Kazi K. S., "Situation invariant Face Recognition using PCA and Feed forward Neural Networks", *Proceeding of ICAEST,* Feb 2016, ISBN: 978 - 81 - 930654 - 5 - 4, pp 260-263.

[5] . Prof. Nagarkar Raviraj Prakash, et al., "Pose invariant Face Recognition using Neural Networks and PCA", *International Engineering Journal For Research & Development,* Vol 4 special issue, pp 1-4.https://doi.org/10.17605/OSF.IO/CEVUG

[6] . Miss. A. J. Dixit, et al, "Iris Recognition by Daugman's Method", *International Journal of Latest Technology in Engineering, Management & Applied Science*, julho de 2015, Vol 4, Issue 6, pp 90-93.

[7] . Machha Babitha, C Sushma, et al, "Tendências da Inteligência Artificial para exames online na educação", *Revista Internacional de Educação Especial da Primeira Infância*, 2022, Vol 14, Edição 01, pp. 2457-2463.

[8] . Pankaj R Hotkar, Vishal Kulkarni, et al, "Implementação de baixo consumo de energia e área eficiente carry select Adder", *Revista Internacional de Pesquisa em Engenharia, Ciência e Gestão*, 2019, Vol 2, Edição 4, pp. 183-184.

[9] . Karale Nikita, Jadhav Supriya, et al, "Design of Vehicle system using CAN Protocol", *International Journal of Research in Applied science and Engineering Technology*, 2020, Vol 8, issue V, pp. 1978-1983, http://doi.org/10.22214/ijraset.2020.5321.

[10]. Dr. J. Sirisha Devi, Sr. B. Sreedhar, et al, "A path towards child-centric Artificial Intelligence based Education", *International journal of Early Childhood special Education*, 2022, Vol 14, Issue 03, pp. 9915-9922.

[11]. Kutubuddin Kazi, "Lassar Methodology for Network Intrusion Detection", *Scholarly Research Journal for Humanity science and English Language*, 2017, Vol 4, Issue 24, pp.6853-6861.

[12]. Sr. D. Sreenivasulu, Dr. J. Sirishadevi, et al, "Implementação das mais recentes abordagens de aprendizagem automática para a previsão do grau dos alunos", *Revista Internacional de Educação Especial da Primeira Infância*, junho de 2022, Vol 14, Edição 03, pp. 9887-9894.

[13]. Kazi Kutubuddin Sayyad Liyakat, Nilima S. Warhade, Rahul S. Pol, Hemlata M. Jadhav, Altaf O. Mulani, "Deteção da qualidade do fio para indústrias têxteis usando processamento de imagem", *Journal Of Algebraic Statistics*, julho de 2022, Vol 13, Edição 3, pp. 3465-3472.

[14]. Kazi K.S., Miss Argonda U A, "Review paper for design and simulation of a Patch antenna by using HFSS", *International Journal of Trends in Scientific Research and Development,* Jan-Feb 2018, Vol 2, issue-2, pp. 158- 160.

[15]. Sra. Yogita Shirdale, et al, "Análise e projeto de antena de microfita de banda larga acoplada capacitiva nas bandas C e X: A Survey", *Journal GSD- International society for green, Sustainable Engineering and Management*, Nov 2014, Vol 1, issue 15, pp. 1-7.

[16]. Prof. Kazi Kutubuddin Sayyad Liyakat, "Situation Invariant face recognition using PCA and Feed Forward Neural network", *Proceeding of International Conference on Advances in Engineering, Science and Technology*, 2016, pp. 260263.

[17]. Prof. Kazi Kutubuddin Sayyad Liyakat, "An Approach on Yarn Quality Detection for Textile Industries using Image Processing", *Proceeding of International Conference on Advances in Engineering, Science and Technology*, 2016, pp. 325-330.

[18]. Shweta Nagare, et al., "Different Segmentation Techniques for brain tumor detection: A Survey", *MM- Sociedade Internacional para o verde, Engenharia e Gestão Sustentável*, Nov 2014, Vol 1, issue 14, pp.29-35.

[19]. Miss. A. J. Dixit, et al, "A Review paper on Iris Recognition", *Journal GSD International society for green, Sustainable Engineering and Management*, Nov 2014, Vol 1, issue 14, pp. 71-81.

[20]. Prof. Suryawanshi Rupali V., et al, "Situation Invariant face recognition using Neural Network", *Revista Internacional de Tendências em Investigação Científica e Desenvolvimento (IJTSRD)*, maio-junho de 2018, Vol 2, issue-4, pp. 995-998.

[21]. Shweta Nagare, et al., "An Efficient Algorithm brain tumor detection based on Segmentation and Thresholding", *Journal of Management in Manufacturing and services*, Sept 2015, Vol 2, issue 17, pp.19-27.

[22]. Miss. A. J. Dixit, et al, "Iris Recognition by Daugman's Algorithm - an Efficient Approach", *Journal of applied Research and Social Sciences*, julho de 2015, Vol 2, número 14, pp. 1-4.

[23]. Kazi K. S., Shirgan S S, " Face Recognition based on Principal Component Analysis and Feed Forward Neural Network", *Conferência Nacional sobre Tendências Emergentes em Engenharia, Tecnologia, Arquitetura*, dezembro de 2010, pp. 250-253.

[24]. Yogita Shirdale, et al., "Coplanar capacitive coupled probe fed micro strip antenna for C and X band", *International Journal of Advanced Research in Computer and Communication Engineering*, 2016, Vol 5, Issue 4, pp. 661-663.

[25]. Rahul S. Pole, Amar Deshmukh, Makarand Jadhav, et al, " iButton Based Physical access Authorization and security system", *Journal of* Algebraic *Statistics,* 2022, Vol 13, issue 3, pp. 3822-3829.

[26]. Dr. Kazi Kutubuddin, V A Mane, Dr. K P Pardeshi, Dr. D.B Kadam, Dr. Pandyaji K K, "Development of Pose invariant Face Recognition method based on PCA and Artificial Neural Network", *Journal of Algebraic Statistics*, 2022, Vol 13, issue 3, pp. 3676-3684.

[27]. Ravi Aavula, Amar Deshmukh, V A Mane, et al, "Conceção e implementação de um sistema de recordação baseado em sensores e loT para um local fechado", *Telematique, 2022,* Vol 21, Issue 1, pp. 2769- 2778.

[28]. M. Sunil Kumar, D. Ganesh et al, "Solução baseada em Rede Neural de Convolução Profunda para a deteção de doenças do plano", *Revista Internacional de Resultados Negativos Farmacêuticos, 2022, Vol 13, Edição Especial 1, pp. 464-471*

[29]. Dr. Kazi Kutubuddin et al , "Desenvolvimento de uma previsão de crises epilépticas baseada na aprendizagem automática utilizando a Web of Things (WoT)" , *NeuroQuantology,* 2022, Vol 20, Issue 8, pp. 9394- 9409

[30]. Dr. K. P. Pardeshi et al, "Implementação de estrutura de deteção de falhas para sistema de monitoramento de saúde usando IoT, sensores em ambiente sem fio", Telematique, 2022, Vol 21, Edição 1, pp. 5451 - 5460

[31]. Dr. B. D. Kadam et al, "Implementation of Carry Select Adder (CSLA) for Area, Delay and Power Minimization", Telematique, 2022, Vol 21, Issue 1.

[32]. Salunke Nikita, et al, "Announcement system in Bus", Journal of Image Processing and Intelligent remote sensing, 2022, Vol 2, issue 6

4.
Deteção de doenças cardíacas com base na inteligência artificial e na aprendizagem automática
- uma revisão técnica

Dr. D.B.Lokhande

Resumo - Todas as partes do corpo beneficiam de uma melhor circulação e purificação do sangue. As doenças cardíacas são uma das principais causas de morte a nível mundial. Os sintomas registados incluem dor no peito, dificuldade em respirar, batimento cardíaco acelerado, etc. Estes dados são regularmente examinados. Os cuidados de saúde avaliam regularmente os conjuntos de dados clínicos através da aprendizagem e da ação de especialistas. O departamento de saúde utiliza um método de previsão apoiado por computador no domínio clínico. O emprego de técnicas de IA, ML e extração de dados proporciona criatividade e um plano para transformar grandes quantidades de informação em dados significativos. As metodologias mais pertinentes baseadas na aprendizagem automática, na IA e na extração de dados para a previsão destas doenças são também analisadas em pormenor e brevemente elaboradas.

Palavras-chave- Doenças cardíacas; Previsão; Aprendizagem automática; Classificação; Inteligência artificial; Extração de dados;

1. INTRODUÇÃO

O principal objetivo do nosso artigo é educar o público sobre os vários métodos utilizados para prever doenças cardíacas utilizando IA, ML e outras ferramentas. Uma vez que o coração é um componente tão importante do nosso corpo, as vidas dependem do seu funcionamento eficaz. Outros órgãos do corpo humano, como os rins, o cérebro e o coração, serão afectados se o coração não estiver a funcionar corretamente. O risco de doença cardíaca é influenciado por uma variedade de factores. As doenças cardíacas são atualmente a principal causa de morte a nível mundial. De acordo com a OMS, pensa-se que as doenças cardíacas são a causa de 12 milhões de mortes por ano em todo o mundo. 17 milhões de pessoas morreram em 2008 devido a doenças cardíacas. As doenças cardíacas são responsáveis por mais de 80% das mortes a nível mundial.

De acordo com as previsões da OMS, até 2030, mais de 23,6 milhões de mortes serão atribuídas a doenças cardíacas. As técnicas de ML, IA e extração de dados permitem-nos prever doenças com precisão. Uma base de dados histórica de doenças cardíacas pode ser utilizada pela IHDPS para detetar e extrair informações ocultas sobre doenças cardíacas. Pode responder a perguntas complexas sobre o diagnóstico de doenças cardíacas, ajudando os analistas e os profissionais do sector da saúde a tomar decisões clínicas sensatas[9].

O coração é o órgão mais fundamental e fisicamente exigente do nosso corpo. O sangue é transportado através das veias do coração no sistema circulatório. Ao fornecer sangue, oxigénio e outros elementos a várias regiões do corpo, este sistema muscular desempenha um papel crucial. Se o coração não funcionar corretamente, pode provocar problemas de saúde graves, incluindo a morte. Provoca uma série de doenças, incapacidades e mortes. Os factores de risco que podem ser alterados incluem o peso corporal, o tabagismo, a falta de exercício, etc. No domínio clínico, o diagnóstico de doenças é crucial. A previsão de conjuntos de dados clínicos utilizando múltiplas entradas é uma questão que é abordada por sistemas inteligentes de extração de dados. Os sistemas de tomada de decisões com base em dados e informações informatizados podem ajudar a efetuar exames médicos de forma mais económica.

É necessária uma análise comparativa das várias estratégias disponíveis para uma execução precisa e eficaz dos sistemas computorizados. Nesta investigação, são previstas várias doenças cardíacas utilizando técnicas de extração de dados que acabaram de ser publicadas[11].

O tipo de doença que pode resultar em morte é a doença cardíaca. As doenças cardíacas são responsáveis por um número demasiado elevado de mortes todos os anos. A deterioração do músculo cardíaco pode levar à doença cardíaca. Além disso, a incapacidade do coração de bombear sangue pode ser utilizada para caraterizar a insuficiência cardíaca. A doença arterial coronária é outro nome para a doença cardíaca (DAC). Os sinais de doença cardíaca, tais como dores no peito, tensão arterial elevada, paragem cardíaca, hipertensão, etc., podem ser utilizados para diagnosticar a doença. Existem inúmeras variedades de doenças cardíacas, cada uma com um conjunto único de sintomas. [2] 1) Doença nos vasos sanguíneos, que provoca dores no peito, falta de ar e dores no pescoço e na garganta; e

2) Doença cardíaca provocada por batimentos cardíacos aberrantes, que causa mal-estar, batimentos cardíacos lentos e dores no peito. Os sintomas mais típicos são mal-estar, dores no peito, falta de ar, etc. As dores no peito, a falta de ar e os desmaios são os sintomas mais típicos. Os defeitos congénitos, a tensão arterial elevada, a diabetes, o tabaco, os estupefacientes e o álcool são causas de doença cardíaca. Ocasionalmente, as doenças cardíacas podem ser acompanhadas por uma infeção que danifica a membrana interna e que se manifesta por sintomas como febre, exaustão, tosse seca e erupções cutâneas.

Os parasitas são as causas das infecções cardíacas. Hipertensão, paragem cardíaca, batimento cardíaco lento, doença arterial coronária, infeção, insuficiência cardíaca, doença cardíaca congénita, doença cardíaca do tipo AVC e angina de peito são alguns exemplos de diferentes tipos de doenças cardíacas. Existem atualmente demasiadas ferramentas automatizadas, como a extração de dados, ML, DL, etc., para identificar doenças cardíacas. Por conseguinte, neste trabalho, apresentaremos uma panorâmica básica das abordagens de aprendizagem automática. Utilizando recursos de aprendizagem automática, treinamos os conjuntos de dados. Existem determinadas variáveis de risco que são utilizadas para fazer previsões sobre doenças cardíacas. A idade, o sexo, a pressão arterial, o nível de colesterol, a diabetes, a história familiar de doença coronária, o consumo de álcool, o tabagismo, a frequência cardíaca, o excesso de peso e as dores no peito são factores de risco[1].

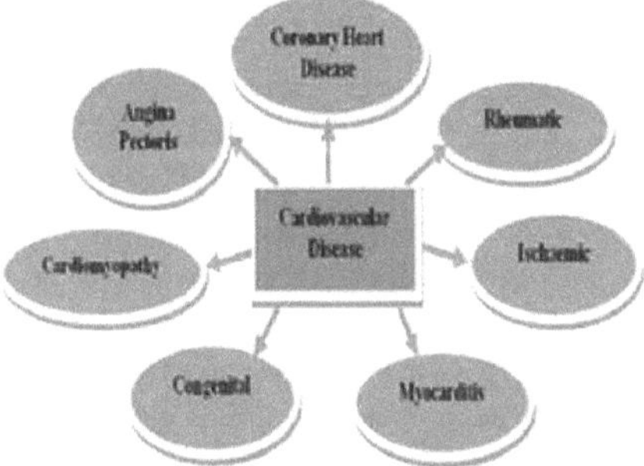

Figura 1- Tipos de doenças cardíacas

2. O FACTOR DE RISCO PARA AS DOENÇAS CARDÍACAS -

Doença cardíaca na família: A maioria das pessoas tem conhecimento de que as doenças cardíacas podem ser familiares. Uma pessoa pode ser mais suscetível a ataques cardíacos, acidentes vasculares cerebrais e outros problemas cardíacos se tiver um historial familiar de doença cardíaca[3].

Fumar: O fumo do tabaco é um dos principais factores que contribuem para a doença arterial periférica, ataques cardíacos e acidentes vasculares cerebrais. As doenças do coração e dos vasos sanguíneos são responsáveis por mais de 40% de todas as mortes relacionadas com o tabagismo. Após apenas um ano a deixar de fumar, o risco de um fumador ter um ataque cardíaco diminui significativamente.

Colesterol: Os factores de risco de doença cardíaca incluem níveis anormais de lípidos (gordura) no sangue. A corrente sanguínea e todas as células do corpo contêm lípidos, incluindo a substância macia e cerosa conhecida como colesterol. Um nível mais elevado de colesterol de lipoproteínas de baixa densidade (LDL) e de triglicéridos, a forma de gordura mais prevalente no organismo, tem sido relacionado com um risco acrescido de doença cardíaca.

A tensão arterial elevada: geralmente designada por HBP ou hipertensão, é uma doença médica que é frequentemente mal compreendida. É mais provável que as paredes dos vasos sanguíneos se lesionem e se estiquem quando a tensão arterial é elevada. Aumento do risco de doença vascular periférica, insuficiência cardíaca, insuficiência renal e de sofrer um ataque cardíaco ou um acidente vascular cerebral

Obesidade:-*Qualquer* pessoa que pese muito mais do que o seu peso normal e saudável é considerada obesa, e a expressão é utilizada para caraterizar o seu estado de saúde. Qualquer pessoa gorda corre um risco acrescido de ter problemas de saúde crescentes, como diabetes, tensão arterial elevada, doenças cardíacas, entre outros.

Falta de exercício físico: Aumenta o risco de doenças coronárias (DAC). A falta de exercício aumenta o risco de diabetes e de hipertensão arterial, o que, por sua vez, aumenta o risco de DAC.

3. REVISÃO DA LITERATURA

a. *Doença cardíaca utilizando ML-*

Numerosos estudos utilizando vários algoritmos de aprendizagem automática foram efectuados em centros médicos relativamente ao sistema de previsão destas doenças. As previsões de doenças cardíacas utilizando o método ML híbrido é uma estratégia apresentada por Senthil Kumar Mohan et al. que visa identificar componentes-chave utilizando a aprendizagem automática, aumentando a precisão da previsão de doenças cardiovasculares. Os autores desenvolvem um modelo de previsão utilizando uma floresta aleatória híbrida (HRFLM) com um modelo linear, que tem uma precisão de 88%. . Os autores também receberam formação numa variedade de técnicas de extração de dados e métodos de expetativa, incluindo KNN, SVM, NN, LR e Vote, que recentemente ganharam popularidade pela sua capacidade de identificar e prever doenças cardíacas.

Nikhar et al. estudam a previsão (doenças cardíacas) utilizando o algoritmo ML. Esta investigação fornece uma análise aprofundada do classificador da árvore de decisão e do Naive Bayes utilizados na avaliação. Os resultados de determinados estudos que consideraram a aplicação da técnica de prospeção de dados preditivos num conjunto de dados comparável mostram que a Árvore de Decisão supera o sistema de classificação Bayesiano. Heart Diseases Prediction using Machine Learning by Aditi Gavhanee et al. O algoritmo de rede neural multilayer Perceptron (MLP) foi utilizado no sistema sugerido neste artigo para treinar e testar o conjunto de dados. Este algoritmo tem vários níveis, como um para a entrada, outro para a saída e camadas ocultas. Estas camadas ocultas ligam cada nó da camada de entrada aos nós da camada de saída. São atribuídos alguns pesos a esta ligação. Consoante a situação, a ligação entre estes nós pode ser direta ou indireta.

A previsão de ataques cardíacos com recurso à aprendizagem profunda foi criada por Abhay et al. Para prever a probabilidade de o paciente desenvolver infecções relacionadas com o coração, esta investigação sugere um sistema de previsão de ataques cardíacos que utiliza técnicas de aprendizagem profunda com sistemas neurais explicitamente recorrentes. A Rede Neuronal Recorrente utiliza a Técnica DL em Redes Neuronais Artificiais para efetuar um cálculo de caraterização muito inovador. Os módulos importantes do quadro e as hipóteses associadas são abordados em pormenor no estudo. O DL e a extração de dados são utilizados no modelo sugerido para obter resultados precisos com o mínimo de erros. Para o desenvolvimento de diferentes tipos de plataformas de previsão de ataques cardíacos, esta investigação fornece um quadro e um ponto de referência. fase preliminar Técnicas de aprendizagem automática para doenças cardíacas por LakshmanaRao et al. Previsão de que os factores de risco de doenças cardíacas irão aumentar. Por conseguinte, é um desafio distinguir as doenças cardíacas. Para determinar a brutalidade da doença cardíaca nos pacientes, são utilizados vários algoritmos de extração de dados e algoritmos neurais. O conceito de doença cardíaca é desconcertante e, por isso, a doença tem de ser abordada com cautela.

A não identificação precoce pode afetar o coração ou provocar uma morte inesperada. Além disso, do ponto de vista da ciência médica, a extração de dados é utilizada para descobrir tipos distintos de aprendizagem automática metabólica, um método que permite que o quadro beneficie de testes e modelos de informação prévia sem ser especificamente personalizado. A aprendizagem automática torna o raciocínio dependente de dados históricos. Dr. Geetha S. e Sr. Santhana Krishnan, previsão de doenças cardíacas utilizando um sistema de aprendizagem automática. Este documento fornece informações completas sobre doenças cardíacas coronárias, incluindo os seus factos, tipos e factores de risco. O Waikato Environment for Knowledge Analysis (WEKA), uma ferramenta de extração de dados útil no domínio da bioinformática, é a ferramenta utilizada. As doenças do coração são previstas neste sistema utilizando as três interfaces WEKA atualmente disponíveis: Naive Bayes, ANN e Decision Trees são as abordagens de extração de dados. Heart Illness Prediction Using ML Techniques (Previsão de doenças cardíacas com recurso a técnicas de ML) é um plano elaborado por Avinash Golande et al. que utiliza alguns métodos de Data Mining para ajudar as autoridades ou os profissionais de saúde a reconhecer doenças cardíacas. As três metodologias mais comuns são Naive Bayes, K-Closest e

Árvore de decisão. O cálculo da embalagem, a espessura da peça, as redes neuronais, a orientação auto-organizada do Kernel retilíneo e a SVM são algumas outras metodologias novas baseadas na caraterização utilizadas. A previsão de doenças cardíacas utilizando técnicas de aprendizagem automática proposta por V.V. Ramalingam et al. utilizou algoritmos e técnicas de aprendizagem automática num conjunto de dados médicos.

No seu estudo, os autores analisam e avaliam o desempenho de vários modelos baseados nesses métodos e metodologias. Este estudo analisa numerosos modelos baseados nestes métodos e metodologias e avalia a sua funcionalidade. Os investigadores estão extremamente interessados em, com base na aprendizagem supervisionada, incluindo SVM, KNN, Nave Bayes, Random Forest, & Decision Trees e modelos de conjunto. técnicas para ajudar o sector da saúde e os especialistas no estudo de doenças relacionadas com o coração. Este ensaio analisa muitos modelos que se baseiam nestes cálculos e metodologias e avalia a sua apresentação.

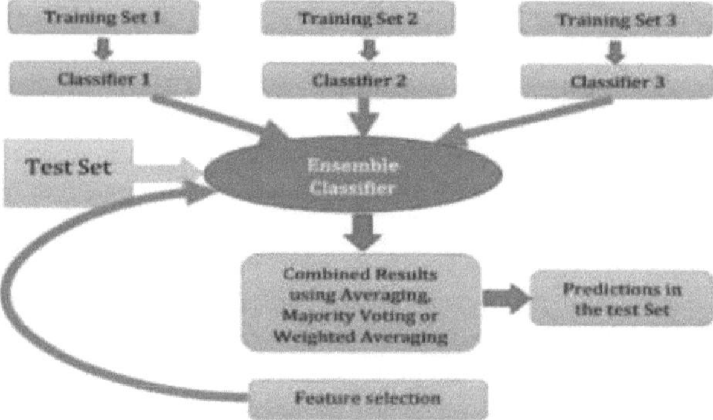

Figura 2- Modelo de previsão de doenças cardíacas baseado em ML

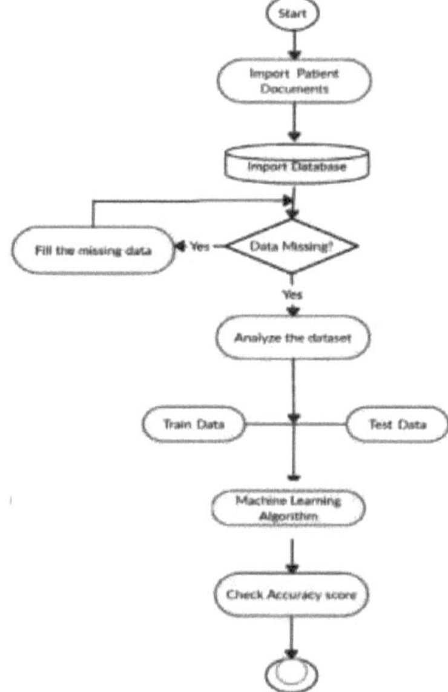

Figura 3- Previsão da doença do batimento cardíaco utilizando o fluxograma de aprendizagem automática

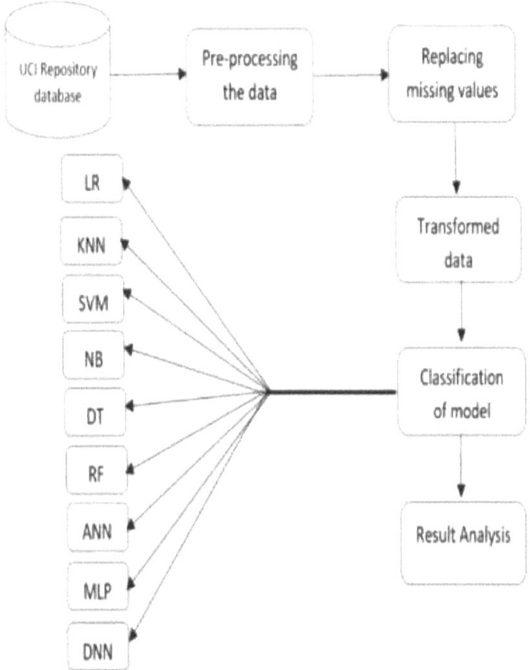

Figura 4- Previsão de doenças cardíacas baseada em ML - um **estudo comparativo**

b.   Revisão relacionada com doenças cardíacas baseada em IA

De acordo com R. Sun et al, um problema com a estrutura do coração que existe desde o nascimento é conhecido como doença cardíaca congénita (CHD). As CHDs afectam as válvulas, a parede do coração, as artérias, as veias fechadas ao coração, as falhas podem impedir, desviar ou proibir totalmente o fluxo sanguíneo normal através do coração. A cianose (lábios, pele e unhas azuis), a exaustão, a respiração rápida e curta, especialmente durante a alimentação, e a má circulação sanguínea, como se pode ver pelo inchaço das pernas, da barriga e da zona à volta dos olhos, são alguns dos sintomas mais conhecidos de problemas cardíacos graves que podem ser fatais se não forem tratados.

Por M.A. Mari et al., sinais adicionais de CHDs incluem um coração martelando e um pulso fraco. Um sopro cardíaco é um som que sopra, sopra ou raspa no batimento cardíaco. As doenças cardíacas são a principal causa de mortalidade nos seres humanos em 2017, de acordo com a investigação de Murphy et al dos Estados Unidos e dos Centros de Controlo e Prevenção de Doenças. A doença cardíaca congénita é atualmente responsável por 30% a 50% da mortalidade relacionada com defeitos congénitos em crianças e bebés. Embora a mortalidade relacionada com a CHD em crianças e bebés esteja alegadamente a diminuir, a sua prevalência em adultos está a aumentar.

4. DISCUSSÃO

As doenças cardíacas são as principais causas de morte em todo o mundo. No entanto, o seu diagnóstico precoce salva vidas, ajudando a melhorar o estado de saúde dos doentes. Para ajudar os médicos a identificar mais cedo as doenças cardíacas e a avaliar os factores de risco das doenças cardíacas, esta análise de artigos concentrou-se nos que utilizaram métodos de Data Mining. A fim de reconhecer os classificadores mais precisos e permitir a deteção precoce de problemas cardíacos, esta investigação examina muitos ensaios de numerosas pesquisas. Cada algoritmo produziu um resultado distinto numa variedade de circunstâncias. Uma análise mais aprofundada mostra que o modelo de previsão de doenças cardíacas apenas atinge uma precisão mínima; por conseguinte, são necessários modelos mais complicados para melhorar a precisão da previsão de doenças cardíacas precoces. Serão propostas metodologias futuras para a previsão de doenças cardíacas precoces altamente precisas, simples e de baixo custo.

5. CONCLUSÃO

As doenças cardíacas são a principal causa de morte em todo o mundo. No entanto, o seu diagnóstico precoce salva vidas, ajudando a melhorar o estado de saúde dos doentes. Descrevemos vários algoritmos de IA para a previsão de doenças cardíacas. Analisámos diferentes algoritmos de IA e de NL e tentámos determinar qual é o melhor, examinando as suas propriedades. Cada algoritmo produziu um resultado distinto numa variedade de circunstâncias. Uma análise mais aprofundada mostra que o modelo de previsão de doenças cardíacas apenas atinge uma precisão mínima; por conseguinte, são necessários modelos mais complicados para melhorar a precisão da previsão de doenças cardíacas precoces Serão propostas metodologias futuras para a previsão precoce de doenças cardíacas altamente precisas, de baixo custo e simples.

REFERÊNCIAS-

[1] . Senthilkumar Mohan, Chandrasegar Thirumalai, Gautam Srivastava -Previsão eficaz de doenças cardíacas usando técnicas híbridas de aprendizado de máquina!, Identificador de objeto digital 10.1109/ACCESS.2019.2923707, IEEE Access, vol 7, 2019

[2] . Sonam Nikhar, A.M. Karandikar, "Prediction of Heart Disease Using Machine Learning Algorithms" International Journal of Advanced Engineering, Management and Science (IJAEMS) Infogain Publication, Vol-2, Issue-6, June- 2016.

[3] . I.S. Jacobs e C.P. Bean, "Fine particles, thin films and exchange anisotropy," in Magnetism, vol. III, G.T. Rado and H. Suhl, Eds. New York: Academic, 1963, pp. 271350.

[4] . Aditi Gavhane, Gouthami Kokkula, Isha Pandya, Prof. Kailas Devadkar (PhD)," Prediction of Heart Disease Using Machine Learning", Actas da 2ª Conferência Internacional sobre Eletrónica, Comunicação e Tecnologia Aeroespacial (ICECA 2018). IEEE Xplore ISBN:978-1- 5386-0965-1

[5] . A. Lakshmanarao, Y. Swathi, P. SriSai Sundareswar," Técnicas de aprendizagem automática para a previsão de doenças cardíacas", Revista Internacional de Investigação Científica e Tecnológica Volume 8, Edição 11, novembro de 2019.

5. Computação em nuvem Carregamento de informações e questões de segurança Revisão

Dr. D.B.Lokhande

Resumo: - Um mecanismo inovador chamado computação em nuvem está a revolucionar a forma como o hardware e o software das empresas são concebidos e adquiridos. Todos estão a migrar os seus dados e software de aplicação para centros de dados na nuvem devido à simplicidade da nuvem. O fornecedor de serviços na nuvem (CSP) é responsável por garantir a integridade, a disponibilidade, a privacidade e a confidencialidade dos dados do cliente armazenados na nuvem. No entanto, o CSP não fornece serviços de dados fiáveis aos clientes. Este relatório aborda os problemas com o armazenamento de dados na nuvem, incluindo violações de dados, roubo de dados e indisponibilidade de dados na nuvem. Por último, apresentamos potenciais soluções para os problemas da nuvem acima referidos.

Palavras-chave: Fornecedor de serviços na nuvem (CSP); armazenamento de dados na nuvem; questões de segurança; protocolos; segurança; carregamento;

1. INTRODUÇÃO

A computação em nuvem é um mecanismo revolucionário que está a mudar a forma de conceção e aquisição de hardware e software das empresas. A computação em nuvem oferece grandes vantagens aos seus clientes, tais como serviços sem custos, elasticidade dos recursos, acesso fácil através da Internet, etc. As pequenas e grandes empresas estão a optar pela computação em nuvem para aumentar a sua atividade e estabelecer ligações com outras empresas [1]. Embora a computação em nuvem tenha enormes benefícios, os utilizadores da nuvem não estão dispostos a colocar os seus dados confidenciais ou sensíveis, incluindo registos de saúde pessoais, e-mails e ficheiros sensíveis do governo. Se os dados forem colocados num centro de dados na nuvem, o cliente da nuvem perde o controlo direto sobre as suas fontes de dados.

Os fornecedores de serviços de computação em nuvem (CSP) prometeram garantir a segurança dos dados armazenados pelos clientes utilizando métodos como firewalls e virtualização. Estes mecanismos não proporcionam uma proteção completa dos dados devido às suas vulnerabilidades na rede e os CSP têm total controlo sobre as aplicações na nuvem, o hardware e os dados dos clientes. A encriptação de dados sensíveis antes do alojamento pode garantir a privacidade e a confidencialidade dos dados face ao PSC. Um problema típico do esquema de encriptação é o facto de ser impraticável devido à enorme quantidade de despesas gerais de comunicação nos padrões de acesso à nuvem. Por conseguinte, a nuvem necessita de métodos seguros de armazenamento e gestão para preservar a confidencialidade e a privacidade dos dados [2-5]. Este documento centra-se principalmente nas vulnerabilidades de segurança e nos problemas de confidencialidade e privacidade dos dados dos clientes.

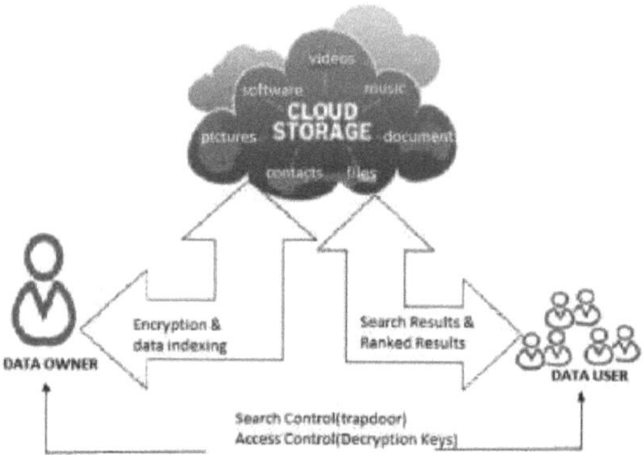

Figura 1: Modelo de armazenamento de dados na nuvem.

2. DESAFIOS E PROBLEMAS DO ARMAZENAMENTO DE DADOS NA NUVEM

A computação em nuvem não proporciona controlo sobre os dados armazenados nos centros de dados em nuvem. Os fornecedores de serviços de computação em nuvem têm total controlo sobre os dados, podendo executar quaisquer tarefas maliciosas, como copiar, destruir, modificar, etc. A computação em nuvem garante um certo nível de controlo sobre as máquinas virtuais. Devido a esta falta de controlo sobre os dados, há mais problemas de segurança do que no modelo genérico de computação em nuvem, como mostra a figura 1. A cifragem, por si só, não proporciona um controlo total sobre os dados armazenados, mas é um pouco melhor do que os dados simples. As caraterísticas da computação em nuvem são a virtualização e o aluguer múltiplo, o que também apresenta várias possibilidades de ataques do que o modelo genérico de nuvem.

3. SOLUÇÕES BIBLIOGRÁFICAS

Nesta secção, explicamos as soluções do trabalho de investigação e, ao mesmo tempo, apresentamos uma discussão exaustiva. Os resultados são apresentados em quadros que facilitam a compreensão do leitor. A discussão pode ser feita em vários subpontos.

a. *Soluções para problemas de armazenamento de dados*

O SecCloud é apresentado [12], que fornece um protocolo de segurança de armazenamento para os dados do cliente da nuvem e não só protege os dados armazenados como também fornece segurança aos dados computacionais. O protocolo SecCloud utiliza a encriptação para armazenar dados em modo seguro. Os grupos multiplicativos e o emparelhamento aditivo cíclico são utilizados para a geração de chaves para os clientes da nuvem, o CSP e outros parceiros comerciais ou terceiros de confiança. Os dados encriptados, juntamente com a assinatura verificável, são enviados para o centro de dados na nuvem juntamente com a chave de sessão. O algoritmo Diffie-Hellman é utilizado para a geração da chave de sessão para ambos os grupos bilineares. Ao receber os dados encriptados, a nuvem desencripta os dados, verifica a assinatura digital e armazena os dados originais num local especificado na nuvem. O SecCloud verifica se os dados estão armazenados no local especificado ou não.

A árvore de hash Merkle é utilizada para a segurança dos cálculos no protocolo SecCloud. A agência de verificação verificará os resultados computacionais que estão a ser construídos utilizando a árvore de hash Merkle. O protocolo File Assured Deletion (FADE) fornece uma gestão de chaves com integridade e privacidade de dados em [15].

A gestão de chaves, juntamente com a integridade e a privacidade dos dados, é assegurada pelo protocolo File Assured Deletion (FADE) proposto em [18]. Devido à simplicidade do FADE, é um protocolo leve e utiliza encriptação de dados com chaves assimétricas e simétricas. O esquema Shamir protege as chaves simétricas e assimétricas para aumentar a confiança na gestão das chaves. O protocolo FADE utiliza um grupo de gestores de chaves, que actuam como uma terceira parte de confiança. A chave k é utilizada como chave de cifragem para o ficheiro F do cliente e outra chave é utilizada para a cifragem da chave de dados (k.). O ficheiro de política mantém os detalhes sobre quais os ficheiros que são acessíveis. Assim, para carregar os dados, o utilizador solicita o par de chaves a um terceiro, enviando o ficheiro de política p. O gestor de chaves envia as chaves públicas e privadas ao utilizador utilizando o ficheiro de política. O ficheiro de carregamento é encriptado com k gerado aleatoriamente e k é encriptado com uma chave simétrica. Esse ficheiro cifrado é desencriptado com a chave pública do par de chaves gerado e o MAC é também gerado para verificação da integridade. O processo inverso será efectuado pelo recetor para recuperar os dados originais.

Foi proposto [15] um esquema de reencriptação baseado no tempo com o algoritmo ABE para apoiar a partilha segura de dados entre o grupo com controlo de acesso. Este esquema garante que os dados transmitidos chegam em segurança aos utilizadores do grupo e mantém a revogação do utilizador. Neste esquema, o período de tempo é associado a cada utilizador e, por expiração, a revogação é feita automaticamente pelo fornecedor de serviços na nuvem (CSP). Este esquema de encriptação baseado no tempo permite que os utilizadores partilhem chaves previamente com o CSP e este gera chaves de reencriptação a pedido do utilizador. O protocolo ABE assegura um controlo do acesso examinando o conjunto de atributos em vez da identidade. Este esquema garante a privacidade e a disponibilidade dos dados entre as pessoas do grupo, mas não se concentra na integridade dos dados. A amostragem probabilística é utilizada para reduzir a redundância computacional em vez de reconstruir toda a árvore de novo.

A lista que se segue contém as principais recomendações da Computer Security Alliances (CSA) [18] para a segurança dos dados e a gestão eficaz das chaves. O âmbito da chave deve ser mantido por um grupo ou indivíduo. Devem ser utilizados algoritmos de cifragem normalizados e os algoritmos mais fracos devem ser rejeitados.

Devem ser utilizadas as melhores diretrizes para a gestão de chaves e produtos de software de encriptação. É preferível utilizar tecnologia de software legítima para garantir a segurança do armazenamento. O cliente ou as organizações e/ou terceiros de confiança devem manter uma gestão eficaz das chaves. Se for concebido um protocolo de auditoria inadequado, o processo de cifragem pode controlar o fluxo de dados para partes externas durante a auditoria. Mas a cifragem em si não impede o fluxo de dados para partes externas, mas pode reduzi-lo a um nível mínimo. Mas requer uma grande variedade de processos de gestão de chaves e despesas gerais para a geração de chaves durante o armazenamento de dados. Mas a exposição da chave de cifragem leva à fuga de dados e continua a ser um problema no ambiente de nuvem. Este problema é resolvido através da combinação do autenticador homomórfico com o processo de mascaramento aleatório [19].

b.   Soluções de gestão de identidades e controlo de acessos

Os autores propuseram o Simple Privacy preserving Identity Management for Cloud Environments (SPICE) em [20] para sistemas de gestão de identidade. O SPICE garante a assinatura de grupo para fornecer a autenticação não identificada, controlo de acesso, responsabilidade, capacidade de desvinculação e autorização centrada no utilizador. O SPICE fornece as propriedades acima mencionadas apenas com um único registo. Após o registo do utilizador junto de um terceiro de confiança, este obtém credenciais únicas para todos os serviços fornecidos pelo CSP. Ao utilizar as credenciais, o utilizador gera um certificado de autenticação. Os diferentes CSP esperam uma variedade de atributos para a autenticação e o utilizador tem de gerar a forma de certificado de autenticação que pretende com as mesmas credenciais.

O Controlo de Acesso Multi-Tenancy Baseado em Funções (RB_MTAC) foi proposto em [21]. O RB_MTAC funde o esquema de controlo de acesso baseado em funções com a gestão de identidades. Requer o registo do utilizador no CSP e obtém uma credencial única que deve ser exclusiva. O utilizador tem de escolher a palavra-passe durante o registo no portal do PSC. Utilizando estas credenciais, o utilizador pode entrar no ambiente da nuvem passando pelo módulo de identidade que identifica exclusivamente o utilizador e, em seguida, será redireccionado para o módulo de atribuição de funções que estabelece uma ligação à base de dados RB_MTAC e atribui as funções ao utilizador registado com base nas informações registadas.

Foi proposto [22] um esquema para a infraestrutura de rede em nuvem como estrutura de gestão da identidade e é mantido pelo protocolo de acesso gerido pelo utilizador (UMA). Aqui o CSP actua como um anfitrião, enquanto o utilizador autorizado actua como proprietário do serviço. O gestor de autorização trata da gestão do serviço e os utilizadores que solicitam o serviço também são geridos pelo gestor de autorização. Este esquema assegura a gestão da identidade e o controlo do acesso através de vários fornecedores de serviços em nuvem com a ajuda da gestão da autorização.

c. Soluções para questões contratuais e legais

No ambiente de computação em nuvem, os utilizadores têm grandes benefícios devido à simplicidade e representam um grande risco em caso de violação dos acordos de nível de serviço. Os autores em [27] propuseram um esquema que reage às violações dos acordos de nível de serviço (SLA) para reduzir os riscos de segurança num ambiente de cancelamento/violação. Este esquema concentra-se num algoritmo que efectua a renegociação da consciência do risco. O algoritmo utiliza o esquema de [28] para determinar um serviço de risco mínimo entre níveis de serviço para satisfazer as necessidades dos utilizadores.

O algoritmo efectua o escrutínio e a renegociação dos serviços em ambiente de tempo de execução para a substituição ou cancelamento de serviços. Finalmente, actualiza os factores de risco de acordo com o SLA. A [29] propôs um método SPECS que assegura uma arquitetura para fornecer serviços designados por segurança como serviço baseada em SLA. A arquitetura proposta centra-se essencialmente em três aspectos: negociação, aplicação e monitorização. O SPEC recomenda a aplicação de factores de ativação através da monitorização e da elaboração de relatórios ou do arranque do sistema.

4. CONCLUSÃO

Com pouco esforço administrativo, a arquitetura de computação em nuvem armazena dados e software de aplicação e oferece aos clientes serviços online a pedido. No entanto, os clientes que utilizam a gestão da nuvem carecem de compromissos e políticas fiáveis. Daí resultarão inúmeros desafios de segurança no armazenamento de dados, incluindo a privacidade, a confidencialidade, a integridade e a disponibilidade. Começámos por apresentar modelos de serviços em nuvem, modelos de implantação e uma série de desafios de segurança no armazenamento de dados em ambientes de nuvem, antes de nos centrarmos nas questões de segurança do armazenamento de dados na computação em nuvem. Na terceira secção, discutimos as possíveis soluções para os problemas de armazenamento de dados que oferecem confidencialidade e privacidade num ambiente de nuvem.

REFERÊNCIAS

[1] . A. Abbas, K. Bilal, L. Zhang, S.U. Khan, Um sistema de recomendação de planos de seguro de saúde baseado na nuvem: uma abordagem centrada no utilizador, Future Gener. Comput. Syst. (2014)

[2] . P. Mell, T. Grance, The NIST definition of cloud computing (draft), NIST Special Publ. 800 (145) (2011) 7.

[3] . J. Che, Y. Duan, T. Zhang, J. Fan, Estudo sobre os modelos e estratégias de segurança da computação em nuvem, Proc. Eng. 23 (2011) 586-593.

[4] . R. Chandramouli, M. Iorga, S. Chokhani, Questões e desafios de gerenciamento de chaves criptográficas em serviços de nuvem, em: Secure Cloud Computing, Springer, Nova Iorque, 2014, pp. 1-30.

[5] . C. Wang, Q. Wang, K. Ren, N. Cao, W. Lou, Toward secure and dependable storage services in cloud computing, IEEE Trans. Services Comput. 5 (2)(2012) 220-232.

[6] . M. Balduzzi, J. Zaddach, D. Balzarotti, E. Kirda, S. Loureiro, Uma análise de segurança do serviço de computação elástica em nuvem da amazon, em: Proceedings of the 27th Annual ACM Symposium on Applied Computing, 2012, pp. 1427-1434.

[7] . Duncan, Adrian, Sadie Creese e Michael Goldsmith. "Ataques internos na computação em nuvem". Confiança, segurança e privacidade em computação e comunicações (TrustCom), 2012 IEEE 11th International Conference on. IEEE, 2012.

[8] . Khorshed, Md Tanzim, ABM Shawkat Ali, e Saleh A. Wasimi. "Uma pesquisa sobre lacunas, desafios de remediação de ameaças e algumas ideias para a deteção proactiva de ataques na computação em nuvem". Future Generation computer systems 28.6 (2012): 833-851.

[9] . Andrieux, K. Czajkowski, A. Dan, K. Keahey, H. Ludwig, T. Nakata, J. Pruyne, J. Rofrano, S. Tuecke, M. Xu, Web services agreement specification.

[10]. S. Marston, Z. Li, S. Bandyopadhyay, J. Zhang, A. Ghalsasi, Cloud computing the business perspective, Decis. Support Syst. 51 (1) (2011) 176-189.

[11]. B. Hay, K. Nance, M. Bishop, Storm clouds rising: security challenges for IaaS cloud computing, em: 44th Hawaii International Conference on System Sciences (HICSS), IEEE, 2011, pp. 1-7.

[12]. L. Wei, H. Zhu, Z. Cao, X. Dong, W. Jia, Y. Chen, A.V. Vasilakos, Segurança e privacidade para armazenamento e computação na computação em nuvem, Inform. Sci. 258 (2014) 371386.

[13]. O.D. Alowolodu, B.K. Alese, A.O. Adetunmbi, O.S. Adewale, O.S. Ogundele, Elliptic curve cryptography for securing cloud computing applications, Int. J.Comput. Appl. 66 (2013).

[14]. M. Aslam, C. Gehrmann, M. Bjorkman, Segurança e confiança preservando migrações de VM em nuvens públicas, em: IEEE 11th International Conference on Trust,Security and Privacy in Computing and Communications (TrustCom), 2012, pp. 869-876.

[15]. Y. Tang, P.P. Lee, J.C.S. Lui, R. Perlman, Armazenamento seguro em nuvem sobreposto com controlo de acesso e eliminação garantida, IEEE Trans. Dependable Secure Comput.9 (6) (2012) 903-916.

[16]. Q. Liu, G. Wang, J. Wu, Esquema de reencriptação de proxy baseado no tempo para a

partilha segura de dados num ambiente de nuvem, Inform. Sci. 258 (2014) 355-370.

[17]. Z. Tari, Segurança e privacidade na computação em nuvem, IEEE Cloud Comput. 1 (1) (2014) 54-57.

[18]. Cloud security alliance, security guidelines for critical areas of focus in cloud computing v3.0, 2011.

[19]. Y. Fu, Z. Lin, Exterior: usando um shell externo baseado em dual-vm para introspeção, configuração e recuperação de guest-os, em: Proceedings of the 9th ACMSIGPLAN/SIGOPS International Conference on Virtual Execution Environments, 2013, pp. 97-110.

[20]. S.M.S. Chow, Y. He, L.C.K. Hui, S.M. Yiu, Spicesimple privacy-preserving identitymanagement for cloud environment, em: Applied Cryptography and Network Security, Springer, Berlin, Heidelberg, 2012, pp. 526-543.

[21]. S. Yang, P. Lai, J. Lin, Conceber um esquema de controlo de acesso multi-tenancy baseado em funções para serviços em nuvem, em: IEEE International Symposium on Biometrics and Security Technologies (ISBAST), 2013, pp. 273-279.

[22]. R.D. Dhungana, A. Mohammad, A. Sharma, I. Schoen, Estrutura de gestão de identidades para infra-estruturas de rede em nuvem, em: IEEE International Conference on Innovations in Information Technology (IIT), 2013, pp. 13-17.

[23]. Boneh, Dan, e Matthew Franklin. "Encriptação baseada em identidade a partir do emparelhamento Weil". SIAM Journal on Computing 32.3 (2003): 586-615.

[24]. Z. Yan, P. Zhang, A.V. Vasilakos, Um inquérito sobre a gestão da confiança para a Internet das coisas, J. Netw. Comput. Appl. 42 (2014) 120-134.

[25]. S. Ruj, M. Stojmenovic, A. Nayak, Controlo de acesso descentralizado com autenticação anónima de dados armazenados em nuvens, IEEE Trans. Parallel Distrib. Syst. 25 (2) (2014) 384-394

[26]. Salunke Nikita, et al, "Announcement system in Bus", Journal of Image Processing and Intelligent remote sensing, 2022, Vol 2, issue 6

[27]. Madhupriya Sagar Kamuni, et al, "Fruit Quality Detection using Thermometer", Journal of Image Processing and Intelligent remote sensing, 2022, Vol 2, issue 5.

[28]. Shweta Kumtole, et al, "Automatic wall painting robot Automatic wall painting robot", Journal of Image Processing and Intelligent remote sensing, 2022, Vol 2, issue 6

[29]. Kadam Akansha, et al, "Email Security", Journal of Image Processing and Intelligent remote sensing, 2022, Vol 2, issue 6

[30]. Mrunal M Kapse, et al, "Smart Grid Technology", International Journal of Information Technology and Computer Engineering, Vol 2, Issue 6

[31]. Satpute Pratiskha Vaijnath, Mali Prajakta et al. "Smart safty Device for Women", International Journal of Aquatic Science, 2022, Vol 13, Issue 1, pp. 556- 560

[32]. Dr. Kazi Kutubuddin Sayyad Liyakat, et al, "*Voltage Sag mitigation in DVR based on Ultra capacitor", Lambart Publications. 2022, ISBN - 978-93-91265-41-0*

[33]. Dr. Kazi Kutubuddin Sayyad Liyakat, et al, "*Multiple object detection and classification based on Pruning using YOLO", Lambart Publications, 2022, ISBN - 978-93-91265-44-1*

[34]. Miss. Priyanka M Tadlgi, et al, "Deteção de Depressão", Jornal de Questões de Saúde Mental e Comportamento (JHMIB), 2022, Vol 2, Edição 6, pp. 1-7

[35]. Waghmare Maithili, et al, "Smart watch system", Revista internacional de tecnologia da informação e engenharia informática (IJITC), 2022, Vol 2, número 6, pp. 1- 9.

[36]. Divya Swami, et al, "Sending notification to someone missing you through smart watch", International journal of information Technology and computer engineering (IJITC),

2022, Vol 2, issue 8, pp. 19-24

[37]. Shreya Kalmkar, Afrin, et al., " 3D E-Commers using AR", Revista Internacional de Tecnologia da Informação e Engenharia Informática (IJITC), 2022, Vol 2, número 6, pp. 18-27

[38]. Miss. A. J. Dixit, et al, "Iris Recognition by Daugman's Method", *International Journal of Latest Technology in Engineering, Management & Applied Science*, julho de 2015, Vol 4, Issue 6, pp 90-93.

[39]. Wale Anjali D., Rokade Dipali, et al, "Sistema de agricultura inteligente usando IoT", *Jornal Internacional de Pesquisa Inovadora em Tecnologia*, 2019, Vol 5, Edição 10, pp.493-497.

[40]. Pankaj R Hotkar, Vishal Kulkarni, et al, "Implementação de baixo consumo de energia e área eficiente carry select Adder", *Revista Internacional de Pesquisa em Engenharia, Ciência e Gestão*, 2019, Vol 2, Edição 4, pp. 183-184.

6. Deteção de doenças da folha do arroz utilizando a aprendizagem automática

D.B.Lokhande

Resumo: A agricultura tem um papel fundamental no desenvolvimento económico do país; por conseguinte, é essencial assegurar o seu progresso. O arroz é a principal refeição de mais de 60% dos indianos, pois é o principal cereal da Índia. O alcance de várias doenças nas plantas de arroz tem aumentado nos últimos anos. Há uma diversidade de agentes patogénicos, como bactérias, fungos e vírus, que podem danificar as partes da planta, como as folhas, por cima e por baixo. Os factores como a luz, a água, a temperatura, a radiação, a atmosfera, a humidade, a acidez do solo e a água afectam o crescimento natural das plantas. Observa-se que as doenças das plantas de arroz são os principais factores que contribuem para a redução da produção e da qualidade dos alimentos. O reconhecimento de tais doenças pode melhorar a produção. Estas doenças das culturas estão a criar problemas aos agricultores devido à baixa produção e às perdas económicas e à indústria agrícola. Por isso, é necessário detetar estas doenças o mais cedo possível. No entanto, os antecedentes do processamento de imagens dificultam o diagnóstico das doenças das plantas de arroz. Um novo estudo poderia utilizar a CNN para identificar doenças das folhas de arroz. Para diagnosticar doenças das folhas do arroz, apresentamos um modelo baseado numa CNN de 6 camadas. Utilizamos aqui um novo conjunto de dados de campo e um conjunto de dados Kaggle para imagens de doenças das folhas do arroz.

Palavras-chave: CNN; Kaggle; Explosão foliar; Mancha castanha; RLDD;

1. INTRODUÇÃO:

Sendo a cultura alimentar mais importante do mundo, o arroz sempre foi decisivo para a segurança alimentar global[1-4] e a estabilidade socioeconómica, segundo Naredra Pal singh et.al. (2020). Infelizmente, todos os tipos de arroz são susceptíveis a uma série de doenças [5-7] e pragas. As doenças podem ter um impacto tanto na produtividade como na qualidade das culturas. É frequente surgirem várias doenças durante a cultura do arroz, o que provoca perdas financeiras substanciais [8-12]. [8-12] Além disso, pesticidas como fungicidas, nematicidas e bactericidas são amplamente utilizados e têm um impacto nas doenças das plantas no agro-ecossistema por Wale Anjali et.al.(2019).

A previsão das doenças foliares do arroz é crucial para manter a quantidade e a qualidade da cultura do arroz. É benéfico diagnosticar estas infecções numa fase precoce, a fim de garantir que as plantas cresçam vigorosamente e produzam mais. [13-17]As doenças do arroz incluem o míldio bacteriano e o míldio da bainha, com sinais como a textura, a cor e a forma do arroz, todos eles indicativos de uma infeção simples e de início rápido, segundo Sethy PK et.al. (2020)

A deteção de doenças do arroz é geralmente feita manualmente, o que é ineficiente e consome muito tempo. Embora o método convencional de mapeamento de doenças do arroz seja bastante simples e direto, é possível interpretar mal doenças comparáveis [19-24] que têm efeitos nocivos no desenvolvimento do arroz. A abordagem de reconhecimento assistido por computador ainda não foi amplamente adotada devido ao grande resultado ecológico, à baixa precisão e à lenta velocidade de deteção [24-28]. [24-28] Como resultado, o desenvolvimento de um sistema de deteção de doenças do arroz que ofereça uma decisão rápida e precisa sobre a doença do arroz é essencial para Zhang Z et.al. (2018). As infecções do arroz localizam-se nas folhas e o diagnóstico foliar ajuda os produtores a decidir se devem ou não pulverizar as suas culturas. [3032]

A deteção de doenças nas folhas de arroz a olho nu é um desafio difícil para os agricultores e profissionais. Reconhecer a irregularidade na planta com um sintoma que está ligado a numerosas doenças é ainda mais difícil. Os recentes avanços nos domínios dos sistemas assistidos por computador e da aprendizagem profunda [33-36] tornam possível detetar as caraterísticas de uma variedade de doenças, independentemente do fundo da imagem ou das condições de captura da imagem. Já foram feitas muitas publicações (investigação) sobre a utilização da CNN para detetar e reconhecer doenças das folhas do arroz (Rede Neural Convolucional). [37-43]

Com uma vasta gama de doenças, as suas caraterísticas, contextos complexos e sinais de doença ambíguos, o desafio da operação em tempo real torna-se mais difícil. [44] Para resolver estes problemas, a investigação atual utiliza uma técnica designada por abordagem de aprendizagem profunda baseada em R-CNN mais rápida para o reconhecimento de doenças em tempo real em folhas de arroz por Nagaraju M Chawla et.al (2020) e Zhang Z et.al.(2018). Este trabalho é necessário para atenuar as dificuldades a longo prazo no estabelecimento do sistema de diagnóstico de doenças do arroz[47].

Seguem-se alguns dos principais contributos do estudo:

• Uma vez que a categorização das manchas de doença é utilizada como base para o diagnóstico de doenças nas folhas de arroz, a exatidão do reconhecimento no local tem um impacto no diagnóstico de doenças nas folhas de arroz. Por conseguinte, ao finalizar o método de deteção, o principal indicador deve ser a precisão da identificação. Numa abordagem de aprendizagem profunda, os métodos maioritários para a identificação de alvos incluem YOLO, [48] CNN [49], Faster R-CNN [50] e SSD. Além disso, em comparação com o SSD e o YOLOv3, o Faster R-CNN [51] tem um desempenho excecional na deteção.

• A recolha de dados sobre doenças das folhas das plantas destina-se a fornecer informações úteis para o desenvolvimento de um modelo[52]. Para aumentar a resiliência do método CNN, a imagem da folha da planta do arroz doente com fundos sofisticados e normalizados deve ser adquirida tanto no laboratório como no terreno. [53]

• No diagnóstico em tempo real das doenças das folhas das plantas de arroz, é utilizada uma CNN. As propriedades das fotografias de arroz infectadas são automaticamente categorizadas utilizando esta metodologia proposta. Três formas primárias de doenças das folhas do arroz são reconhecidas com maior precisão utilizando o método proposto. [5456]

2. REVISÃO DA LITERATURA-

No início, há alguns anos, foram realizados alguns estudos importantes no domínio da deteção de doenças que investigam os temas relacionados com a folha lesionada, a deteção de doenças do arroz, as folhas de arroz, a infeção da folha de algodão, as doenças das culturas e a saúde das plantas de malagueta.

S. D. Khirade et.al.(2015) , Na divisão de fotografias de plantas, foram discutidas muitas técnicas de segmentação de imagens para identificar a parte da folha ferida. Este trabalho dá ênfase às técnicas de segmentação baseadas em arestas e em áreas.

R. Girshick, et.al.(2018), o esquema protótipo para o reconhecimento da doença do arroz é apresentado numa publicação, na qual são tiradas fotografias das plantas de arroz doentes, e o rótulo da doença é mostrado usando segmentação de imagem e crescimento de imagem. A categorização da doença foi feita por meio de uma rede neural.

A fim de prevenir os efeitos das doenças das plantas de arroz, Manoj Mukherjee et al. (2017) forneceram uma estrutura para o processamento de fotografias de folhas de arroz utilizando histogramas. Ao utilizar este sistema, é possível identificar doenças numa fase inicial e tomar medidas imediatas para reduzir a perda de produtividade. A imagem da folha foi primeiro capturada, após o que foi processada. A imagem foi depois convertida em escala de cinzentos a partir de RGB e, em seguida, o histograma foi extraído com a ajuda de métodos MATLAB. As imagens obtidas forneceram os dados para a avaliação e classificação das doenças.

A. Gurjar et.al.(2019) Apresenta uma investigação que avalia um método de regularização e extração de caraterísticas eigen de uma imagem de uma folha de algodão. Com a ajuda de uma matriz de dispersão construída que é dividida em vários subespaços, a técnica pode detetar doenças como rúcula foliar, doença fúngica.

Z. Bin Husin et al., (2016) na saúde da planta da malagueta pode ser verificada depois de o autor ter trabalhado com as suas folhas e as ter submetido ao processamento adequado. O seu método garante que os medicamentos só devem ser utilizados nas plantas afectadas. O MATLAB foi utilizado para extrair caraterísticas das fotografias e reconhecê-las. Neste estudo, as técnicas de pré-processamento incluem procedimentos morfológicos, deteção de margens e filtragem de Fourier. Foram utilizadas câmaras digitais para capturar a imagem e o programa LABVIEW foi utilizado para criar a GUI. Ferramenta

Numa abordagem de aprendizagem profunda, os métodos maioritários para a identificação de alvos incluem YOLO, CNN e SSD. A abordagem CNN apresenta uma estrutura como alternativa às abordagens existentes para a obtenção de áreas candidatas por Zhang X et.at. (2018). Além disso, em comparação com o SSD e o YOLOv3, a CNN tem um desempenho excecionalmente bom na deteção.

Propusemos a CNN devido à sua elevada eficácia no reconhecimento consistente da localização de doenças.

3. METODOLOGIA PROPOSTA

O processo de reconhecimento em tempo real está representado na Figura 1. Para começar, o conjunto de dados sobre doenças das folhas do arroz foi compilado utilizando uma base de dados da Internet, bem como um conjunto de dados individual que era necessário para a experiência. O acesso à base de dados em linha é fácil. O Rice Leaf Disease Dataset (RLDD) [58] é anotado manualmente e melhorado através de vários processos de aumento de dados. Depois disso, o conjunto de dados é separado em dois grupos: Treinamento e Teste [59]. Os conjuntos de treino são utilizados para treinar a CNN [60-62], enquanto os conjuntos de teste são utilizados para avaliar o desempenho do sistema. As classificações e localizações de doenças conhecidas da folha do arroz estão incluídas no resultado do trabalho sugerido. O sistema proposto refere-se ao modelo CNN [63] de 5 camadas 2 densas, como mostra a figura 3.

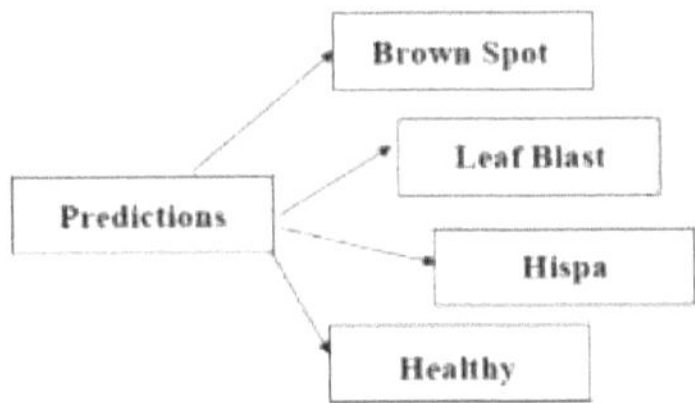

Figura 1: Avaliação de desempenho

a.   Arquitetura CNN de 5 camadas e 2 camadas densas -

Numa rede neuronal, uma camada densamente ligada à camada anterior significa que todos os neurónios da camada estão ligados a todos os outros neurónios da camada acima. Nas redes neuronais artificiais, esta camada é a mais frequentemente utilizada.

Com base nos resultados das camadas convolucionais [65], é utilizada uma camada densa para categorizar as imagens. Os neurónios em cada camada da rede neural calculam a média ponderada da sua entrada, e esta média é depois passada através de uma função não linear conhecida como "função de ativação" da camada anterior, que é alimentada a todos os neurónios da camada [66]. Esta camada nas redes neuronais é a mais fundamental [67, 68].

$$(f * g)(t) \stackrel{\text{def}}{=} \int_{-\infty}^{\infty} f(\tau)\, g(t - \tau)\, d\tau$$

—I

b.   Recolha de dados

O padrão das doenças nas folhas das plantas de arroz varia de acordo com as estações e outras condições como a temperatura, a humidade, a luminosidade [69] e os insectos.

A doença da mancha castanha da folha, por exemplo, é mais evidente nas folhas e glumas das plantas em maturação.

O procedimento de recolha de informações é fundamental no processamento em tempo real, uma vez que dados incorrectos do conjunto de dados podem prejudicar os resultados.

Por conseguinte, a utilização de duas camadas densas é preferível à utilização de apenas uma. Cada neurónio de uma camada densa recebe uma saída de

Figura 3 a): Imagens capturadas (da base de dados criada)

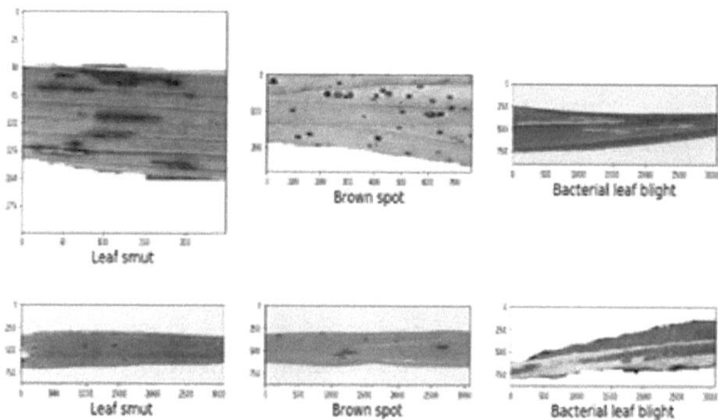

Figura 3 b): Base de dados Kaggle disponível

Estado das folhas Conjunto de dados do Haggle (disponível publicamente)
Explosão de arroz 500
Ponto Broun 500
Hispa 500
Saudável 500
Total 2.000
2.400

Tabela 1 Conjunto de dados Kaggle

500+150 imagens de arroz estragado, 500+150 imagens de manchas castanhas, 500 + 150 imagens de Hispa e 500+150

estão disponíveis imagens de folhas de arroz saudáveis na base de dados. Foi tirado um total de 2400 fotografias.

Condição das folhas	Imagens captadas
Explosão de arroz	2000
Mancha castanha	2000
Hispa	2000
Saudável	2000
Total	6000

Tabela 2 Imagens capturadas por câmara

O conjunto de dados utilizado para o nosso trabalho é o seguinte

1. Conjunto de dados de folhas de arroz do Kaggle
2. Conjunto de dados sobre doenças das folhas do arroz de Sherth Gandhinagar
3. Aprendizagem automática da UCI Conjunto de dados sobre doenças das folhas do arroz

c. Aumento de dados

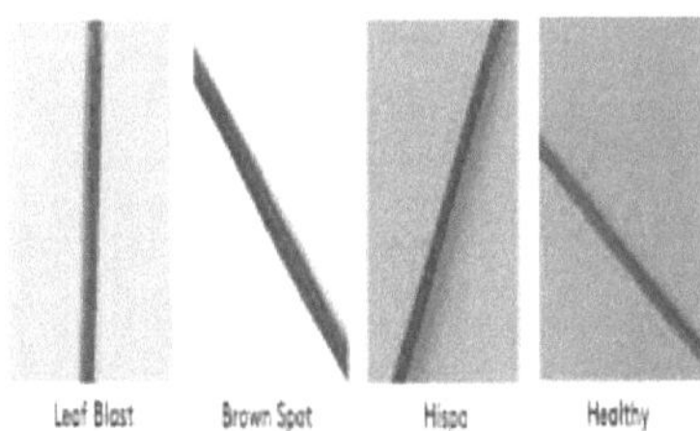

Figura 4: Exemplo

O método de geração de vários tipos de imagens é designado por aumento de dados [70]. É importante para evitar que o modelo se ajuste demasiado bem durante o passo de treino.

d. Processo de extração de caraterísticas

Devido à natureza explicativa limitada das CNN [73], são frequentemente utilizadas abordagens de visualização para compreender melhor os mapas de caraterísticas das CNN e determinar o modo como as CNN podem aprender as caraterísticas das muitas classes examinadas.

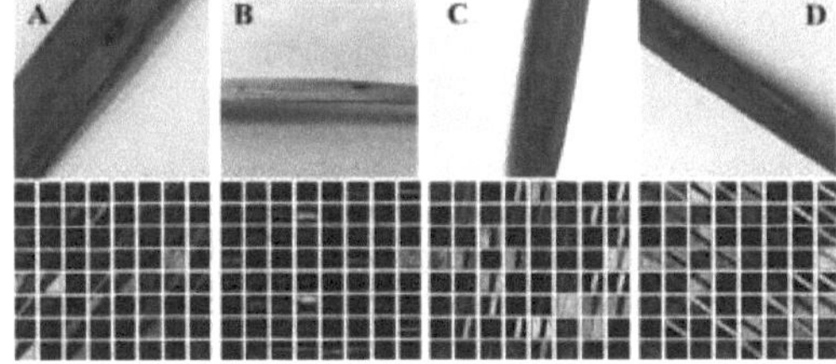

Figura 6: Exemplo de extração de caraterísticas

e. **A análise de perdas do modelo proposto**

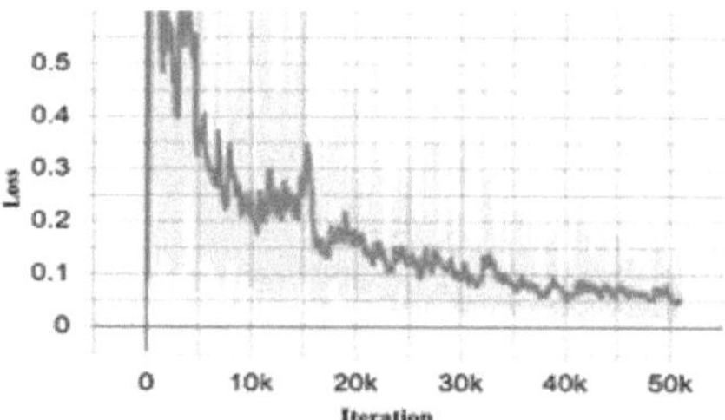

Figura 7: **Exemplo de perda de classificação do sistema proposto**

A taxa de aprendizagem é configurada conforme necessário no estudo planeado. O TensorBoard [74-76] é uma excelente ferramenta para visualizar esta matriz e identificar potenciais problemas. O TensorBoard actualiza frequentemente as dimensões e apresenta os resultados aos utilizadores.

4. RESULTADOS E DISCUSSÃO:

Trabalhámos com a base de dados Kaggle (2400 imagens), a base de dados de campo (6000 imagens) e o Sherth Gandhinagar Rice Leaf Disease Dataset (2400 imagens) no nosso sistema sugerido. Imagens de folhas captadas com uma câmara de smartphone. Houve um total de 10800 observações. 0,0002 e 50965 são a taxa de aprendizagem e as iterações, respetivamente. Os resultados do nosso sistema são

Explosão de arroz 98,09 %

Mancha castanha 98,85%

Hispa 99,17%

arroz saudável Folha 99,25%

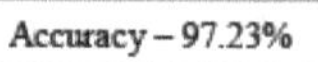

Rice Blast 98.09 %
Brown Spot 98.85%
Hispa 99.17 %
healthy rice Leaf 99.25%

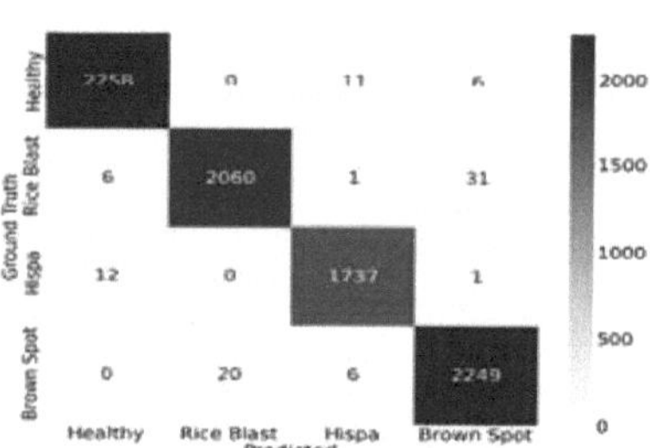

Figura 8: Matriz de confusão

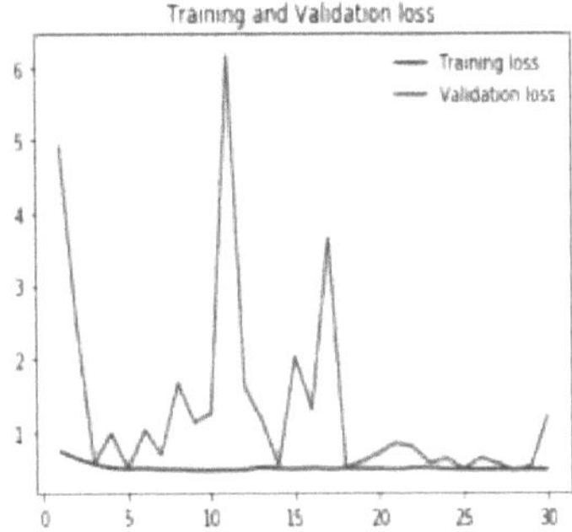

Figura 9: Perda de formação e validação

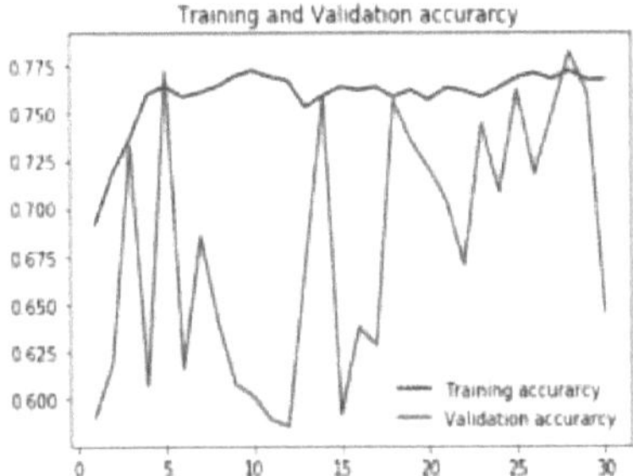

Figura 10: Exatidão da formação e da validação

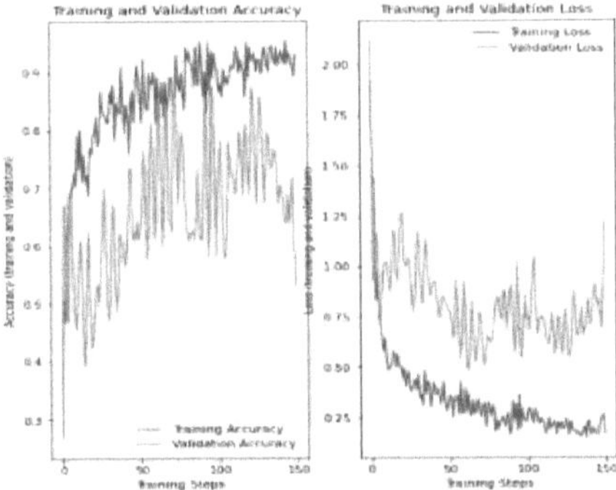

Figura 11: Treino, exatidão da validação e perdas

43

Precisão do sistema proposto:

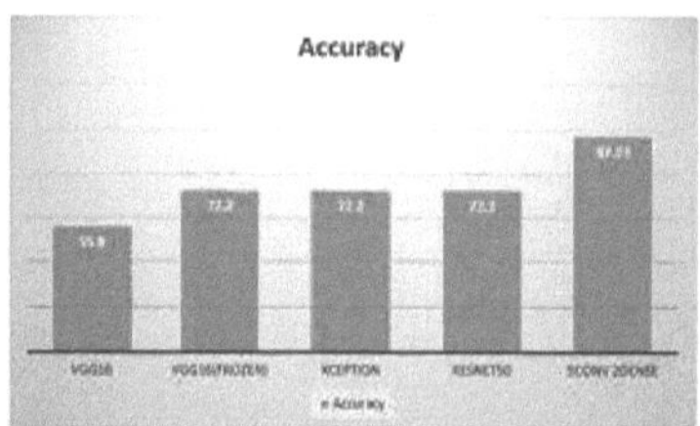

Figura 12- Precisão do sistema proposto

FONTE: class: BrownSpot, ficheiro: BrownSpot/IMG_20190421_195708.jpg
PREDICTED: classe: BrownSpot, Precisão: 0,997313

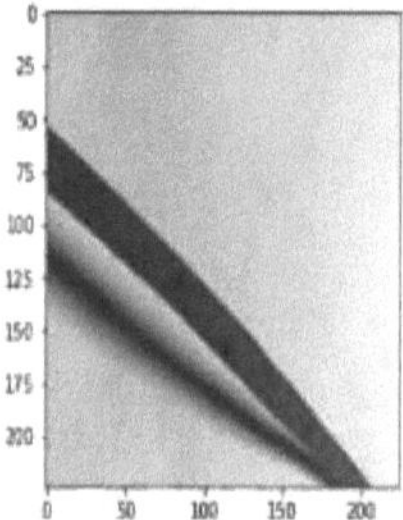

Figura 13: Resultado da mancha castanha da folha

5. CONCLUSÃO:

No nosso sistema proposto, trabalhámos com a base de dados Kaggle, a base de dados de campo e o conjunto de dados de doenças das folhas de arroz de Sherth Gandhinagar. As imagens das folhas são tiradas pela câmara do smartphone. Efectuámos 10800 observações. A taxa de aprendizagem e o número de iterações são 0,0002 e 50965, respetivamente. O desempenho do nosso sistema é de 98,85% para a mancha castanha, 98,09% para a explosão do arroz, 99,17% para a hispa e 99,25% para a folha saudável, enquanto a exatidão total é de 97,23%. A metodologia de aprendizagem profunda é amplamente utilizada nos últimos anos para detetar infecções nas folhas das plantas. Com a utilização da tecnologia CNN, oferecemos uma análise em tempo real da infeção das plantas de arroz. Uma folha saudável e três doenças estão incluídas na base de dados de imagens de folhas de arroz doentes. Gostaríamos de capturar fotografias de folhas de arroz e fundi-las com uma base de dados da Internet disponível publicamente para melhorar a resiliência do sistema sugerido. Além disso, abordámos muitas estratégias de aumento de imagens para melhorar a nossa base de dados. Este método melhora o desempenho do sistema proposto. No entanto, ainda é necessária mais investigação para separar as áreas infectadas da imagem da folha. As imagens gravadas em laboratório são utilizadas para criar os actuais métodos de deteção de infecções nas folhas das plantas de arroz. Será necessário realizar mais investigação para desenvolver um método dinâmico e autónomo de deteção de doenças das folhas de arroz em grande escala. No futuro, será realizado mais trabalho sobre a forma de aplicar o método proposto (neste documento), para a deteção dinâmica em grande escala de doenças e deteção de plantas de arroz. No futuro, é necessário fundir instalações inteligentes da Internet, como a IoT agrícola e os terminais móveis, para compreender a monitorização em direto, que é favorável à promoção da inteligência e da modernização da indústria agrícola.

REFERÊNCIAS:

[1] . P, Patel SC., "Pattern recognition method to detect two diseases in rice plants.", Imaging Science Journal. 2008;56(6), pp:319-325.

[2]   . Phadikar S, Sil J., "Rice disease identification using pattern recognition techniques.", Actas da 11.ª Conferência Internacional sobre Computadores e Tecnologias da Informação, ICCIT 2008; 2008. pp. 420-423. 420-423.

[3]   . G. Ying, L. Miao, Y. Yuan, e H. Zelin, "A Study on the Method of Image Pre-processing for Recognition of Crop Diseases," in 2009 International Conference on Advanced Computer Control, 2009, pp. 202-206.

[4]   . S. Arivazhagan, R. N. Shebiah, S. Ananthi, e S. V. Varthini, "Deteção da região insalubre das folhas das plantas e classificação das doenças das folhas das plantas utilizando caraterísticas de textura". 2013.

[5]   . Mukherjee Manoj, Titan Pal e Debabrata Samanta, "Damaged paddy leaf detection using image processing", Journal of Global Research in Computer Science, 2017, 3(10), pp. 07-10, 2017.

[6]   . Namita Mittal, Basant Agarwal, Ajay Gupta e Hemant Madhur, "Icon Based Information Retrieval and Disease Identification in Agriculture", 2014, pp. 1404-1664.

[7]   . Zhou Z, Zang Y, Li Y, Zhang Y, Wang P, Luo X., "Algoritmos de deteção e classificação de infestação de cigarrinhas do arroz com base em valores de dimensão fractal e meios C difusos.", Mathematical and Computer Modelling. 2013;58(3-4):pp. 701

[8]   . Khairnar K, Dagade R., "Disease detection and diagnosis on plant using image processing a review", International Journal of Computer Applications. 2014;108(13),   pp:36-38. doi: 10.5120/18973-0445.

[9]   . S. D. Khirade e A. B. Patil, "Plant Disease Detection Using Image Processing," in 2015 International Conference on Computing Communication Control and Automation, 2015, pp. 768

[10] . Z. Bin Husin, A. Y. B. M. Shakaff, A. H. B. A. Aziz, e R. B. S. M. Farook, "Estudo de Viabilidade na Deteção de Doenças em Pimentas de Plantas Usando Técnicas de Processamento de Imagens," em 2016 Terceira Conferência Internacional sobre Modelação e Simulação de Sistemas Inteligentes, 2016, pp. 291

[11] . Prajapati HB, Shah JP, Dabhi VK, "Deteção e classificação de doenças das plantas de arroz", Intelligent Decision Technologies. 2017;11(3), pp:357-373.

[12] . Ng W. White, "Descoloração nas folhas e crescimento semelhante a uma flor no caule: uma nova espécie ou desequilíbrio hormonal?", PeerJ, 2016; 4:e2375v1.

[13] . Girshick R, Donahue J, Darrell T, Malik J., "Region-based convolutional networks for accurate object detection and segmentation", IEEE Transactions on Pattern Analysis and Machine Intelligence, 2016; 38(1):142-158.

[14] . Zhao L, Jia K., "Multiscale., "CNNs for brain tumor segmentation and diagnosis.", Computational and Mathematical Methods in Medicine. 2016;2016(7):1-7.

[15] . Heisel S, Kovacevic T, Briesen H, Schembecker G, Wohlgemuth K., "Variable selection and training set design for particle classification using a linear and a non-linear classifier," Chemical Engineering Science, 2017; 173(4), pp:131-144.

[16] . Lu J, Hu J, Zhao G, Mei F, Zhang C., "An in-field automatic wheat disease diagnosis system", Computers and Electronics in Agriculture, 2017a;   142(3), pp:369-379. doi: 10.1016/j.compag.2017.09.012.

[17] . Prajapati HB, Shah JP, Dabhi VK, "Deteção e classificação de doenças das plantas de arroz". Intelligent Decision Technologies. 2017; 11(3), pp:357-373. doi: 10.3233/IDT-170301.

[18] . Ren S, He K, Girshick R, Sun J., "Faster R-CNN: towards real-time object detection with region proposal networks", IEEE Transactions on Pattern Analysis and Machine Intelligence, 2017; 39(6), pp:1137-1149.

[19] . Lu Y, Yi S, Zeng N, Liu Y, Zhang Y., "Identificação de doenças do arroz usando redes neurais convolucionais profundas". Neurocomputing, 2017b; 267(1), pp:378.

[20] . Zhang X, Qiao Y, Meng F, Fan C, Zhang M., "Identificação de doenças foliares do milho utilizando redes neurais convolucionais profundas melhoradas", IEEE Access. 2018; 6:30370-30377.

[21] . Zhang Z, Luo L, Tan X, Kong X, Yang J, Wang D, Zhang D, Jin D, Liu Y., "A gravidade da

doença do oídio da abóbora influencia a diversidade fúngica da filosfera". *PeerJ.* 2018; 6(2):e4559.

[22] . Zhang X, Qiao Y, Meng F, Fan C, Zhang M., "Identificação de doenças foliares do milho utilizando redes neurais convolucionais profundas melhoradas", IEEE Access. 2018; 6:30370-30377.

[23] . R. Girshick, J. Donahue, T. Darrell e J. Malik, "Rich feature hierarchies for accurate object detection and semantic segmentation", Nov. 2018.

[24] . Gurjar e V. A. Gulhane, "Deteção de Doenças em Folhas de Algodão por Técnica de Regularização e Extração de Eigenfeature". julho de 2019

[25] . Gayathri Devi T e Neelamegam P, "Processamento de imagem baseado em doenças das folhas de plantas de arroz em Thanjavur, Tamilnadu", Cluster Computing , 2018, pp. 1-14.

[26] . Khaing War Htun e Chit Su Htwe, "Desenvolvimento do sistema de classificação de folhas doentes de arroz usando conversão de cores modificada", Jornal Internacional de Pesquisa de Software e Hardware em Engenharia, 2018, 6 (8).

[27] . Alamsyah D, Fachrurrozi M. "Faster R-CNN with inception v2 for fingertip detection in homogenous background image", Journal of Physics: Conference Series 2019; 1196(1):12017.

[28] . Wang Q, Qi F, Sun M, Qu J, Xue J." Identificação de tipos de doenças do tomate e deteção de áreas infectadas com base em redes neurais convolucionais profundas e técnicas de deteção de objetos" Inteligência Computacional e Neurociência, 2019;2019(2):1-15.

[29] . M. Sunil Kumar, D. Ganesh et al, "Solução baseada em Rede Neural de Convolução Profunda para a deteção de doenças do plano", *Revista Internacional de Resultados Negativos Farmacêuticos,* 2022, Vol 13, IssueSpecial Issue 1, pp. 464-471

[30] . Chang WJ, Chen LB, Hsu CH, Lin CP, Yang TC. "Um sistema de reconhecimento de medicina inteligente baseado em aprendizado profundo para pacientes crônicos". IEEE Access 2019; 7:44441-44458.

doi: 10.1109/ACCESS.2019.2908843.

[31] . Zarbafi SS, Ham JH, "Uma visão geral dos QTLs de arroz associados à resistência a três doenças principais do arroz: explosão, ferrugem da bainha e ferrugem bacteriana da panícula", Agronomia, 2019; 9(4):177.

7. UTILIZAÇÃO DE UMA REDE FEATURE PYRAMID PARA A DETECÇÃO DE OBJECTOS - UMA ABORDAGEM PROFUNDA
TECNOLOGIA DE APRENDIZAGEM

Dr. D.B.Lokhande

Resumo: - Uma das utilizações mais significativas da tecnologia de aprendizagem profunda é o reconhecimento de objectos, uma vez que pode aprender caraterísticas e capturá-las de uma forma única em relação aos métodos mais convencionais. Encontrar pequenas diferenças de tamanho nas coisas é o principal obstáculo no reconhecimento de objectos. Para o efeito, pode ser utilizado um conjunto de caraterísticas de imagens de profundidade em várias escalas retiradas do backbone em conjunto com redes de pirâmides de caraterísticas com amostragem descendente. Os sistemas de reconhecimento utilizam pirâmides de caraterísticas para encontrar objectos de vários tamanhos. As representações piramidais foram recentemente evitadas pelos detectores de objectos que empregam aprendizagem profunda, em parte devido à quantidade de memória e poder de processamento que tendem a exigir. No nosso estudo, investigamos o potencial das hierarquias piramidais multiescala para reduzir os custos marginais das redes de convolução profunda. A arquitetura top-down com ligações laterais é utilizada para produzir mapas de caraterísticas semânticas com informação detalhada a todas as escalas. Com a rede piramidal de caraterísticas a atuar como um extrator geral de caraterísticas, são observados ganhos de desempenho. O sistema é avaliado experimentalmente como parte do estudo, e a técnica da rede piramidal aumentada supera o modelo FCOS em termos de precisão média (AP) em 1,2 no teste MS-COCO. Os resultados do estudo mostraram que uma rede piramidal de caraterísticas aumentou a precisão da localização de objectos.

Palavras-chave: FPN; Aprendizagem profunda; Precisão média; Deteção de objectos; Deteção de vídeo;

1. INTRODUÇÃO

A abordagem de deteção de objectos de imagem examina uma imagem de entrada e fornece a categoria do objeto, bem como a sua localização específica. Os algoritmos de identificação de objectos [1]-[8] têm sido amplamente utilizados na indústria e na nossa vida quotidiana como uma tarefa básica da visão computacional. Sem a tecnologia de deteção de objectos, o

motor automático, por exemplo, não consegue distinguir entre pessoas próximas, automóveis ou outros objectos. Ao

lidar com objectos de tamanhos variados, a deteção de objectos sempre foi problemática.

As redes neurais convolucionais

profundas tradicionais

são extremamente susceptíveis a alterações na escala dos objectos, uma vez que não são invariantes à escala. Alterar a escala de um objeto tem um impacto no reconhecimento de objectos densos. O desequilíbrio de formação é um problema com o algoritmo de classificação de regressão de pixéis. As caraterísticas multi-escala são utilizadas de várias formas para lidar com o problema da variação do tamanho dos objectos [3], [5], [9]-[14]. [3] propôs a construção de uma rede de caraterísticas baseada na espinha dorsal, contendo caraterísticas a vários níveis de escala que processam objectos de uma determinada gama de escalas. Os atributos das caraterísticas de alta resolução são criados através da sobreamostragem de caraterísticas de baixa resolução para criar caraterísticas de alta resolução. A sobreamostragem clássica escolhe quatro localizações idênticas como locais de amostragem em torno de cada ponto-alvo e os atributos do ponto-alvo são produzidos adicionando linearmente os traços dos pontos de amostragem. Nesta estratégia de amostragem, que se baseia exclusivamente em correlações espaciais, os pontos próximos do limite ou com outras caraterísticas são facilmente influenciados por pixéis não relacionados. Consequentemente, é difícil extrair caraterísticas finas utilizando apenas coordenadas espaciais durante a sobreamostragem. As redes neuronais convolucionais profundas também estão sujeitas a uma redução múltipla da amostragem. As caraterísticas com amostragem superior são propensas a desalinhamento após a redução múltipla da amostragem, resultando em diferenças e mesmo ambiguidades entre as caraterísticas restauradas e as caraterísticas de base sem redução da amostragem durante a fusão. A adição e a fusão simples são utilizadas na rede de pirâmides de caraterísticas. A adição direta terá um impacto na representação das caraterísticas a dois níveis, uma vez que existem diferenças específicas entre as caraterísticas. Além disso, quando é necessária a identificação de pequenos itens e a localização exacta de objetos, a fusão direta é insuficiente.

A nossa investigação apresenta uma rede piramidal de caraterísticas melhorada para resolver os problemas acima referidos. Como alternativa à rede piramidal de caraterísticas principais para a sobreamostragem de caraterísticas e a fusão de caraterísticas multiescala, estão disponíveis a sobreamostragem de caraterísticas adaptável (AdaUp) e a fusão de caraterísticas (AFF). Este estudo conclui que a AdaUp já não se baseia apenas em informações espaciais, mas utiliza também dados semânticos. As caraterísticas de alta resolução de baixo nível1 servem de referência espacial, enquanto as caraterísticas de alta resolução de baixo nível2 ajudam a prever o desvio das amostras ligadas em cada local de destino. O cálculo das coordenadas contínuas destes locais de amostragem pode ser efectuado utilizando a coordenada de desvio e as coordenadas das localizações alvo. Os atributos dos pontos-alvo são criados combinando as caraterísticas de todos os pontos de amostragem através de interpolação bilinear.

O AnaUp permite alterar dinamicamente a localização do ponto de amostragem da interpolação com base nos atributos de entrada e na localização espacial. Este facto torna-a mais adaptável do que a interpolação upsampling tradicional. O rácio de fusão de caraterísticas pode ser alterado dinamicamente por cada pixel. As informações semânticas de alto nível são necessárias noutras regiões em que o julgamento é uma preocupação importante, ao passo que as caraterísticas de baixo nível são necessárias para guardar informações detalhadas em pixéis em localizações de maior detalhe. A fusão adaptativa, em vez da simples combinação de caraterísticas em dois níveis, pode acomodar as peculiaridades de cada pixel na atribuição de pesos, resultando numa representação mais precisa das caraterísticas. O Faster R-CNN e o FCOS [8] foram utilizados como referências experimentais neste estudo para demonstrar a utilização do AdaFPN. O Faster R-CNN foi utilizado na primeira fase para prever propostas com objectos, e o RPI Pooling [1] foi utilizado na segunda fase para recolher as caraterísticas da região ligadas a cada proposta para classificação e regressão.

O FCOS, uma vez que utiliza a categorização e a previsão de regressão ao nível do pixel, apenas requer uma única fase para a categorização e a previsão de regressão ao nível do pixel. Utilizando o conjunto de dados de identificação de objetos abertos MS-COCO, os modelos Faster R-CNN e FCOS foram treinados e testados utilizando FPN em vez de FPN. No Faster-R-CNN e no FCOS, o aumento do FPN melhorou significativamente o desempenho em 1,2 e 1,0 AP, respetivamente, com base nestas definições. Também superou os seus concorrentes em termos de localização e reconhecimento de itens pequenos. A rede de pirâmide de caraterísticas foi considerada benéfica nas experiências deste estudo. Neste estudo, foram realizadas várias experiências para confirmar a validade da rede piramidal de caraterísticas proposta para o reconhecimento de objectos e outras áreas da visão computacional.

2. REDE EM PIRÂMIDE DE CARACTERÍSTICAS

Devido ao seu elevado custo computacional e à morosidade da afinação dos hiperparâmetros, alguns investigadores abandonaram recentemente as caixas de ancoragem. Ao utilizar pontos-chave e previsão de mapas de calor, a CornerNet [21], [22], [23] reduz as caixas de ancoragem, tornando a identificação de objetos mais flexível. Os quatro cantos de uma caixa de objeto podem ser determinados por FCOS [8] e cada pixel pode ser classificado com base na sua distância aos quatro cantos. Devido à sua facilidade de utilização e eficácia, o FCOS é atualmente utilizado com frequência para resolver dificuldades de deteção de objetos numa variedade de domínios. Os investigadores utilizaram dois métodos clássicos, Faster R-CNN e FCOS, para validação experimental.

A rede piramidal de caraterísticas e o seu bloco de fusão de caraterísticas são ilustrados na Figura 1. No PANet [25], os novos mapas de caraterísticas de cima para baixo, baseados em FPN, melhoram ainda mais a representação das caraterísticas multiescala. Utilizando a NAS-FPN, Tan et al. desenvolveram a BiFPN, que é mais eficaz [26]. Com as redes de pirâmides de caraterísticas, é também possível fundir caraterísticas de diferentes tamanhos, como demonstrado pela AugFPN [27]. A empresa [28] aplicou convoluções residuais e dilatadas à rede piramidal de caraterísticas para aumentar o campo recetivo das caraterísticas. Para obter caraterísticas piramidais, a CATFPN concatena adaptativamente todas as caraterísticas FPN.

Seguem-se a redução e o aumento da amostragem. Na AFF proposta, as caraterísticas de baixo nível são suprimidas através da utilização de uma rede de fusão inter-escalas baseada na atenção, enquanto na CSFF, as caraterísticas de baixo nível são também suprimidas através da utilização de uma rede de fusão inter-escalas baseada na atenção.

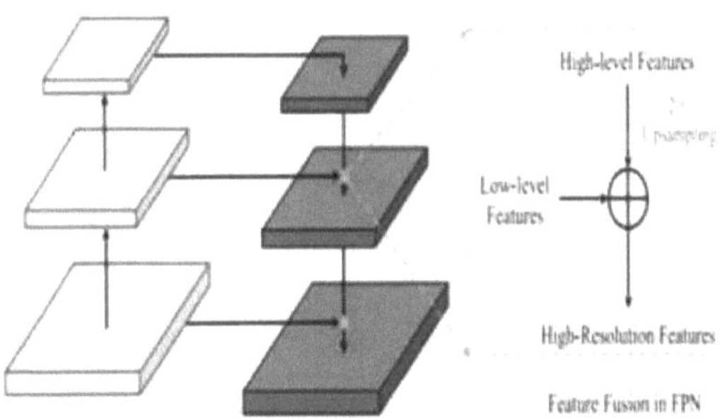

Figura:- Rede em pirâmide de caraterísticas e respetivo bloco de fusão de caraterísticas

3. REVISÃO DA LITERATURA-

Existem dois tipos de algoritmos de deteção de objectos de imagem: os que detectam imagens em duas fases, como o Faster R-CNN, e os que detectam imagens numa única fase, como o YOLO, o SSD e o Retina Net. O agrupamento de ROIs [1] e o alinhamento de ROIs [17] são normalmente utilizados na classificação e na regressão de coordenadas finas. Na primeira fase, as sugestões de itens são antecipadas e, na segunda fase, as caraterísticas são agrupadas com base em proposições. O Faster R-CNN [2] baseia-se no Fast R-CNN [1] para construir recomendações de objectos utilizando RPN [2]. Isto permite-nos reconhecer objectos de ponta a ponta. A FPN inclui uma rede em pirâmide que aborda as questões de escala e, ao mesmo tempo, aumenta o desempenho das R-CNNs mais rápidas.

A Libra R-CNN [18] é uma nova classe de R-CNN. Ao juntar várias redes R-CNN em cascata, [19] desenvolveu R-CNNs em cascata, que podem melhorar a precisão da localização ao longo do tempo. Os algoritmos ao nível do pixel são diferentes dos algoritmos de duas fases porque reconhecem e prevêem coisas ao nível do pixel. Normalmente, as caixas de ancoragem são construídas antecipadamente em cada localização e várias delas são construídas com diferentes escalas e formas. De seguida, cada caixa de ancoragem é classificada e depois regredida independentemente. Como se pode verificar em [5], [20], os backbones multi-escala podem ajudar a identificar objectos em variação de escala, enquanto a Retina Net[16] utiliza a perda focal para ajudar a identificar desequilíbrios na classificação das caixas de ancoragem.

4. METODOLOGIA PROPOSTA

Na deteção visual de objectos, a oclusão de objectos e a diversidade de escala são problemáticas. Nos últimos anos, as redes de pirâmides de caraterísticas (FPN) têm sido amplamente utilizadas para detetar objectos, uma vez que criam caraterísticas de vários níveis que variam em resolução e atribuem a cada caraterística diferentes objectos de diferentes escalas. É necessário incluir um determinado intervalo de escala para que a capacidade funcione em todas as resoluções. Este método de reconhecimento de caraterísticas de vários níveis com resoluções variáveis pode resolver com êxito o problema da oclusão e da variação de tamanho para descobrir objectos.

Utilizando uma rede de caraterísticas em pirâmide, pode determinar vários níveis de caraterísticas, como as encontradas na ResNet [29]. Uma rede piramidal de caraterísticas rudimentar utiliza apenas a interpolação e a adição clássicas para aumentar a amostragem das caraterísticas e fundir as caraterísticas em vários níveis. A Eq. 1 pode ser utilizada para obter a caraterística fundida Fo.

$$Fo = Upsample\ (Fl) + Fh\ (1) \qquad\qquad ----(1)$$

Fo = Amostra ascendente (Fl) + Fh (1)   (1)

Um elemento de baixa resolução profunda tem a designação FH, enquanto FL indica elementos de baixa resolução profunda. No entanto, como a espinha dorsal adquire elementos de imagem com resoluções variáveis através da redução sucessiva da resolução e a rede piramidal de elementos de imagem introduz elementos de imagem a várias escalas gerados a partir de elementos de diferentes camadas da espinha dorsal, a reamostragem resultará num desalinhamento dos elementos de imagem. Nesta circunstância, a simples integração e combinação de informações semânticas com a estrutura após uma simples sobreamostragem é problemática, uma vez que resulta na perda de representações de pormenor de baixo e alto nível, bem como de informações de contexto.

5. EXPERIÊNCIAS DE DETECÇÃO DE OBJECTOS

O conjunto de dados de deteção de COCO [21] contém 80 categorias e é testado quanto à precisão. Para treinar, é utilizado um conjunto de 80 mil imagens de treino e um subconjunto de 35 mil imagens de valor (trainval 35k [2]) e, para comunicar as ablações, é utilizado um conjunto de 5 mil imagens de valor (minival). Há também um conjunto de resultados finais para o conjunto de teste padrão não rotulado (test-std) [21]. O conjunto de treino para os backbones da rede consiste no conjunto de classificação ImageNet1k antes de ser afinado no conjunto de dados de deteção. A Enhanced Feature Pyramid Network é melhor do que os pontos de base na AP de bicicleta, cão, mota, pessoas, garrafa, barco, autocarro, carro, gato, cadeira, chávena, mesa, peão e mAP, respetivamente. A Figura 2 mostra a deteção de objectos com base na condição de classe, condição de luz e condição interior/exterior. Algumas instâncias de deteção de paisagens urbanas, onde a EFPN sugerida detecta mais objectos pequenos e obstruídos. A EFPN pode ser alargada a várias situações, mantendo, em certa medida, a sua precisão.

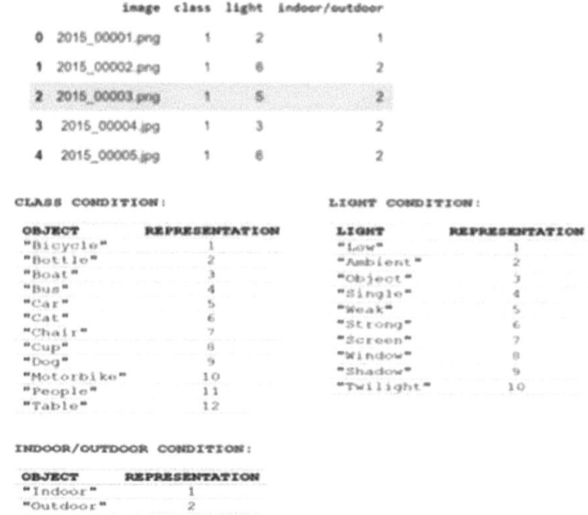

Figura 2. Deteção de objectos com base na condição

A EFPN pode ser alargada a várias situações, mantendo, em certa medida, a sua precisão. Através da rede piramidal de caraterísticas melhoradas, os objectos são detectados em áreas escuras, em dias de chuva, em dias de sol e durante a noite, com base no conjunto de condições de classe, condições de luz e condições de interior/exterior.

6. CONCLUSÃO

Nesta proposta, a rede piramidal de caraterísticas básica é melhorada com uma nova rede piramidal de caraterísticas melhorada para a sobreamostragem de caraterísticas e a fusão de caraterísticas em várias escalas. Os modelos de identificação de objectos Faster R-CNN e FCOS incluem a rede piramidal de caraterísticas como uma caraterística recomendada. Este estudo descreve uma técnica para diminuir os pequenos objectos ao nível do pixel em paisagens urbanas, motivada pelo facto de se verificar um rápido aumento do número de objectos pequenos e obscurecidos. Isto pode dever-se ao facto de o Cityscapes e o sistema de deteção de objectos do KITTI serem significativamente diferentes em termos de qualidade de imagem, condições de iluminação e complexidade das cenas de trânsito. O sistema KITTI foi validado experimentalmente com um conjunto de dados aberto de deteção de objectos e supera significativamente a conceção original.

REFERÊNCIAS-

[1] . Miss. Kamble Sunayana Nivrutti, Prof. Gund V.D., et al, "Sistema de autenticação biométrica multimodal usando fusão de impressão digital e íris", Jornal Internacional de Tendências em Pesquisa e Desenvolvimento Científico (IJTSRD), Set-Out 2018, Vol 2, Edição 6, pp 1282-1286

[2] . Kazi K. S., "Significance And Usage Of Face Recognition System", Scholarly Journal For Humanity Science And English Language, Feb-March 2017, Vol 4, Issue 20, pp 4764-4772.

[3] . T. Lin, P. Dollar, R. B. Girshick, K. He, B. Hariharan e S. J. Belongie, "Feature pyramid networks for object detection", em Proc. IEEE Conf. Comput. Vis. Pattern Recognit. (CVPR), Honolulu, HI, EUA, Jul. 2017, pp. 936-944.

[4] . R. B. Girshick, J. Donahue, T. Darrell, e J. Malik, "Hierarquias de caraterísticas ricas para deteção precisa de objectos e segmentação semântica", em Proc. IEEE Conf. Comput. Vis. Pattern Recognit, Columbus, OH, EUA, Jun. 2014, pp. 580-587.

[5] .Z. Tian, C. Shen, H. Chen, e T. He, "FCOS: A simple and strong anchorf objectdetector," CoRR, vol. abs/2006.09214, pp. 1-13, Jun. 2020.

[6] . Q. Lin, J. Zhao, G. Fu e Z. Yuan, "Fast multi semantic pyramids via cross fusing inherent features for different-scale detection", IEEE Access, vol. 7, pp. 98374-98386, 2019.

[7] . Z. Guo, W. Zhang, Z. Liang, Y. Shi e Q. Huang, "Deteção de objectos em várias escalas utilizando uma rede de recalibração de fusão de caraterísticas", IEEE Access, vol. 8, pp. 51664-51673, 2020.

[8] . Prof. Kazi K. S., "Situation invariant Face Recognition using PCA and Feed forward Neural Networks", Proceeding of ICAEST, Feb 2016, ISBN: 978 - 81 - 930654 - 5 - 4, pp 260-263.

[9] . Prof. Nagarkar Raviraj Prakash, et al., "Pose invariant Face Recognition using Neural Networks and PCA", International Engineering Journal For Research & Development, Vol 4 special issue, pp 1-4.https://doi.org/10.17605/OSF.IO/CEVUG

[10] . Miss. A. J. Dixit, et al, "Iris Recognition by Daugman's Method", International Journal of Latest Technology in Engineering, Management & Applied Science, julho de 2015, Vol 4, Issue 6, pp 90-93.

[11] . Wale Anjali D., Rokade Dipali, et al, "Sistema de agricultura inteligente usando IoT", Jornal Internacional de Pesquisa Inovadora em Tecnologia, 2019, Vol 5, Edição 10, pp.493-497.

[12] . Machha Babitha, C Sushma, et al, "Tendências da Inteligência Artificial para exames online na educação", Revista Internacional de Educação Especial da Primeira Infância, 2022, Vol 14, Edição 01, pp. 2457-2463.

[13] . Pankaj R Hotkar, Vishal Kulkarni, et al, "Implementação de baixo consumo de energia e área eficiente carry select Adder", Revista Internacional de Pesquisa em Engenharia, Ciência e Gestão, 2019, Vol 2, Edição 4, pp. 183-184.

[14] . Karale Nikita, Jadhav Supriya, et al, "Design of Vehicle system using CAN Protocol",

International Journal of Research in Applied science and Engineering Technology, 2020, Vol 8, issue V, pp. 1978-1983, http://doi.org/10.22214/ijraset.2020.5321.

[15] . Dr. J. Sirisha Devi, Sr. B. Sreedhar, et al, "A path towards child-centric Artificial Intelligence based Education", International journal of Early Childhood special Education, 2022, Vol 14, Issue 03, pp. 9915-9922.

[16] . Kutubuddin Kazi, "Lassar Methodology for Network Intrusion Detection", Scholarly Research Journal for Humanity science and English Language, 2017, Vol 4, Issue 24, pp.6853-6861.

[17] . Sr. D. Sreenivasulu, Dr. J. Sirishadevi, et al, "Implementação das mais recentes abordagens de aprendizagem automática para a previsão do grau dos alunos", Revista Internacional de Educação Especial da Primeira Infância, junho de 2022, Vol 14, Edição 03, pp. 9887-9894.

[18] . Kazi Kutubuddin Sayyad Liyakat, Nilima S. Warhade, Rahul S. Pol, Hemlata M. Jadhav, Altaf O. Mulani, "Deteção da qualidade do fio para indústrias têxteis usando processamento de imagem", Journal Of Algebraic Statistics, julho de 2022, Vol 13, Edição 3, pp. 3465-3472.

[19] . Kazi K.S., Miss Argonda U A, "Review paper for design and simulation of a Patch antenna by using HFSS", International Journal of Trends in Scientific Research and Development, Jan-Feb 2018, Vol 2, issue-2, pp. 158- 160.

[20] . Sra. Yogita Shirdale, et al, "Análise e projeto de antena de microfita de banda larga acoplada capacitiva nas bandas C e X: A Survey", Journal GSD-International society for green, Sustainable Engineering and Management, Nov 2014, Vol 1, issue 15, pp. 1-7.

[21] . Prof. Kazi Kutubuddin Sayyad Liyakat, "Situation Invariant face recognition using PCA and Feed Forward Neural network", Proceeding of International Conference on Advances in Engineering, Science and Technology, 2016, pp. 260- 263.

[22] . Prof. Kazi Kutubuddin Sayyad Liyakat, "An Approach on Yarn Quality Detection for Textile Industries using Image Processing", Proceeding of International Conference on Advances in Engineering, Science and Technology, 2016, pp. 325-330.

[23] . Shweta Nagare, et al., "Different Segmentation Techniques for brain tumor detection: A Survey", MM- International society for green, Sustainable Engineering and Management, Nov 2014, Vol 1, issue 14, pp.29-35.

[24] . Miss. A. J. Dixit, et al, "A Review paper on Iris Recognition", Journal GSD International society for green, Sustainable Engineering and Management, Nov 2014, Vol 1, issue 14, pp. 71-81.

[25] . Prof. Suryawanshi Rupali V., et al, "Situation Invariant face recognition using Neural Network", Revista Internacional de Tendências em Investigação Científica e Desenvolvimento (IJTSRD), maio-junho de 2018, Vol 2, issue-4, pp. 995-998.

[26] . Shweta Nagare, et al., "An Efficient Algorithm brain tumor detection based on Segmentation and Thresholding", Journal of Management in Manufacturing and services, Sept 2015, Vol 2, issue 17, pp.19-27.

[27] . Miss. A. J. Dixit, et al, "Iris Recognition by Daugman's Algorithm - an Efficient Approach", Journal of applied Research and Social Sciences, julho de 2015, Vol 2, número 14, pp. 1-4.

[28] . Kazi K. S., Shirgan S S, " Face Recognition based on Principal Component Analysis and Feed Forward Neural Network", Conferência Nacional sobre Tendências Emergentes em Engenharia, Tecnologia, Arquitetura, dezembro de 2010, pp. 250-253.

[29] . Yogita Shirdale, et al., "Coplanar capacitive coupled probe fed micro strip antenna for C and X band", International Journal of Advanced Research in Computer and Communication Engineering, 2016, Vol 5, Issue 4, pp. 661-663.

[30] . Rahul S. Pole, Amar Deshmukh, Makarand Jadhav, et al, " iButton Based Physical access Authorization and security system", Journal of Algebraic Statistics, 2022, Vol 13, issue 3, pp. 38223829.

[31] . Dr. Kazi Kutubuddin, V A Mane, Dr. K P Pardeshi, Dr. D.B Kadam, Dr. Pandyaji K K, "Development of Pose invariant Face Recognition method based on PCA and Artificial Neural Network", Journal of Algebraic Statistics, 2022, Vol 13, issue 3, pp. 3676-3684.

[32] . Ravi Aavula, Amar Deshmukh, V A Mane, et al, "Conceção e implementação de um sistema de recordação baseado em sensores e IoT para uma pessoa fechada", Telematique, 2022, Vol 21, Issue 1, pp. 2769- 2778.

[33] . M. Sunil Kumar, D. Ganesh et al, "Solução baseada em Rede Neural de Convolução Profunda para a deteção de doenças do plano", Revista Internacional de Resultados Negativos Farmacêuticos, 2022, Vol 13, IssueSpecial Issue 1, pp. 464-471

[34] . Dr. Kazi Kutubuddin et al , "Desenvolvimento de uma previsão de convulsões epilépticas baseada em aprendizagem automática utilizando a Web of Things (WoT)" , NeuroQuantology, 2022, Vol 20, Issue 8, pp. 9394- 9409

[35] . Dr. K. P. Pardeshi et al, "Implementação de estrutura de deteção de falhas para sistema de monitoramento de saúde usando IoT, sensores em ambiente sem fio", Telematique, 2022, Vol 21, Edição 1, pp. 5451 - 5460

[36] . Dr. B. D. Kadam et al, "Implementação do Somador de Seleção de Transporte (CSLA) para Minimização de Área, Atraso e Potência", Telematique, 2022, Vol 21, Edição 1, pp. 5461 - 5474

[37] . Salunke Nikita, et al, "Announcement system in Bus", Journal of Image Processing and Intelligent remote sensing, 2022, Vol 2, issue 6

[38] . Madhupriya Sagar Kamuni, et al, "Fruit Quality Detection using Thermometer", Journal of Image Processing and Intelligent remote sensing, 2022, Vol 2, issue 5.

[39] . Shweta Kumtole, et al, "Automatic wall painting robot Automatic wall painting robot", Journal of Image Processing and Intelligent remote sensing, 2022, Vol 2, issue 6

[40] . Kadam Akansha, et al, "Email Security", Journal of Image Processing and Intelligent remote sensing, 2022, Vol 2, issue 6

[41] . Mrunal M Kapse, et al, "Smart Grid Technology", International Journal of Information Technology and Computer Engineering, Vol 2, Issue 6

[42] . Satpute Pratiskha Vaijnath, Mali Prajakta et al. "Smart safty Device for Women", International Journal of Aquatic Science, 2022, Vol 13, Issue 1, pp. 556- 560

[43] . Dr. Kazi Kutubuddin Sayyad Liyakat, et al, "Voltage Sag mitigation in DVR based on Ultra capacitor", Lambart Publications. 2022, ISBN - 978-93-91265-41-0

[44] . Dr. Kazi Kutubuddin Sayyad Liyakat, et al, "Multiple object detection and classification based on Pruning using YOLO", Lambart Publications, 2022, ISBN - 978-93-91265-44-1

[45] . Miss. Priyanka M Tadlgi, et al, "Deteção de Depressão", Jornal de Questões de Saúde Mental e Comportamento (JHMIB), 2022, Vol 2, Edição 6, pp. 1-7

[46] . Waghmare Maithili, et al, "Smart watch system", Revista internacional de tecnologia da informação e engenharia informática (IJITC), 2022, Vol 2, número 6, pp. 1- 9.

[47] . Divya Swami, et al, "Sending notification to someone missing you through smart watch", International journal of information Technology and computer engineering (IJITC), 2022, Vol 2, issue 8, pp. 19-24

[48] . Shreya Kalmkar, Afrin, et al., " 3D E-Commers using AR", Revista Internacional de Tecnologia da Informação e Engenharia Informática (IJITC), 2022, Vol 2, número 6, pp. 18-27

[49] . B. Singh, M. Najibi, A. Sharma e L. S. Davis, "Scale normalized image pyramids with AutoFocus for object detection", CoRR, vol. abs/2102.05646, pp. 1-18, Fev. 2021.

[50] . J. Pang, K. Chen, J. Shi, H. Feng, W. Ouyang, e D. Lin, "Libra R-CNN: Towards balanced learning for object detection," in Proc. IEEE Conf. Comput. Vis. Pattern Recognit. (CVPR), Long Beach, CA, EUA, Jun. 2019, pp. 821-830

8. Uma nova abordagem para a gestão de transacções em sistemas de bases de dados heterogéneos , distribuídos e replicados em tempo real

Resumo

Atualmente, a computação em nuvem é o sistema mais utilizado devido ao número de vantagens para os utilizadores finais. Nas organizações de TI (tecnologias da informação), a computação em nuvem é o domínio mais importante para trabalhar. Existem diferentes tipos de serviços, como SaaS, IaaS e PaaS, fornecidos pela computação em nuvem com base nas necessidades dos utilizadores finais. Em vez de utilizarem recursos próprios para o armazenamento e a gestão de dados, as organizações começaram a utilizar sistemas de armazenamento de dados de computação em nuvem. O armazenamento em nuvem (por exemplo, Amazon S3) está a emergir como um serviço popular e a maioria das empresas transfere as suas cargas de trabalho de dados para a nuvem.

A popularidade do sistema de computação em nuvem aumentou drasticamente porque aluga recursos de computação, fatura numa base de pagamento conforme o uso e multiplexa muitos utilizadores na mesma infraestrutura física. Os utilizadores da nuvem têm a ilusão de que os recursos informáticos são infinitos, pelo que a taxa de consumo de recursos a pedido pode ser aumentada ou diminuída.

A computação em nuvem oferece a visão de um conjunto virtualmente infinito de recursos informáticos, de armazenamento e de rede onde as aplicações podem ser implantadas. É a solução mais popular para o aprovisionamento de recursos a pedido e dinâmico. O aprovisionamento e a manutenção dos recursos da nuvem são efectuados com a ajuda de técnicas de gestão de recursos (RM). As técnicas de gestão de recursos são responsáveis por manter o controlo dos recursos livres e atribuir os recursos da reserva livre às tarefas que chegam.

Juntamente com a crescente procura de aplicações e cargas de trabalho modernas, a computação em nuvem ganhou proeminência em todo o sector das TI. As aplicações modernas estão a crescer em várias dimensões, como o número de utilizadores, a complexidade e a dimensão dos dados, e muitas pessoas estão a ligar-se à Internet através de vários dispositivos.

As aplicações Web que lidam com os sistemas de armazenamento na nuvem contêm uma carga de trabalho heterogénea para implantar na nuvem. Este volume de trabalho heterogéneo tem de ser tratado com cuidado, caso contrário, podem ocorrer problemas como atrasos consideráveis no agendamento e falta de tarefas de baixa prioridade, o que pode prejudicar significativamente o desempenho da aplicação. Para lidar com isso, a caraterização da carga de trabalho é muito mais importante. Na caraterização da carga de trabalho, a carga de trabalho heterogénea é dividida em várias classes de tarefas com caraterísticas semelhantes em termos de recursos e objectivos de desempenho.

É importante ter em conta a heterogeneidade da carga de trabalho. Normalmente, o volume de trabalho é constituído por diversas aplicações com diferentes prioridades e requisitos de recursos. Se não for tido em conta o volume de trabalho heterogéneo, haverá atrasos consideráveis na programação e a falta de recursos afectará o desempenho da aplicação.

As aplicações modernas enfrentam desafios como a caraterização da carga de trabalho, a afetação de recursos e a segurança. Para responder a estas necessidades, propomos uma nova estrutura que interage com os sistemas de base de dados heterogéneos e fornece a caraterização da carga de trabalho utilizando o algoritmo de agrupamento K-means, a atribuição de recursos fornecendo máquinas virtuais através de pedidos à nuvem e a segurança utilizando o algoritmo AES para encriptação e desencriptação.

Neste trabalho de investigação, as transacções são tomadas sob a forma de ficheiros heterogéneos dos utilizadores como entrada e a sua distribuição eficiente no sistema de armazenamento em nuvem como saída. As operações transaccionais, como inserir, atualizar e eliminar, são realizadas nos dados dos utilizadores nos sistemas de armazenamento em nuvem. Aqui, estamos a tentar conceber uma nova abordagem para um sistema de gestão de transacções seguro, energeticamente eficiente e escalável, baseado em terminologias e métodos de programação de recursos em sistemas de bases de dados distribuídas heterogéneas.

Abordamos o "problema da gestão de transacções", que consiste em interagir com os sistemas de bases de dados heterogéneos e em atribuir e programar recursos de computação com caraterização da carga de trabalho, proporcionando segurança aos dados do utilizador.

A avaliação do desempenho do sistema proposto é efectuada com base em cargas de trabalho flutuantes e em termos de taxa de transferência, eficiência energética, utilização da CPU, tempo de programação e tempo de resposta. O desempenho do sistema é medido e comparado com o Container Based Scheduling (CBS), o mecanismo Dynamic Power-Saving Resource allocation (DPRA) e a técnica SLA-Aware Energy resource management (SLA).

Os resultados experimentais do sistema proposto mostram o desempenho efetivo do sistema. Os resultados mostram que o sistema proposto tem um desempenho superior ao das técnicas existentes. O ambiente implementado é fácil de utilizar e as entradas para o sistema são dadas para execução de uma forma normal, sem alterar ou reestruturar o código.

Palavras-chave:-

Computação em nuvem, armazenamento em nuvem, caraterização da carga de trabalho, eficiência energética, gestão de recursos, atribuição de recursos

2) Revisão da literatura:-

Nesta secção, é apresentado o estudo de todos os métodos recentes de gestão de transacções e de segurança dos dados.

2.1 Métodos de gestão de tarefas/transacções

Nesta investigação, o problema da gestão das transacções é representado por um problema de escalonamento de tarefas, pelo que os métodos estudados, a seguir enumerados, apresentam os seus trabalhos recentes sobre o escalonamento eficiente de tarefas ou recursos em sistemas de computação em nuvem para diferentes tipos de transacções.

Em [3], o autor propôs um método de provisionamento de capacidade dinâmica sensível à heterogeneidade para centros de dados em nuvem.

Especificamente, começaram por utilizar o algoritmo de agrupamento K-means para dividir a carga de trabalho em classes de tarefas distintas com caraterísticas semelhantes em termos de requisitos de recursos e desempenho. De seguida, introduziram um método que ajusta dinamicamente o número de máquinas para minimizar o consumo total de energia e o atraso no agendamento. As simulações foram efectuadas utilizando traços de um cluster de computação da Google e demonstraram que o Harmony consegue reduzir a energia em 28% em comparação com o algoritmo heterogéneo

soluções. A Figura 2 mostra a arquitetura proposta pelo autor em [3].

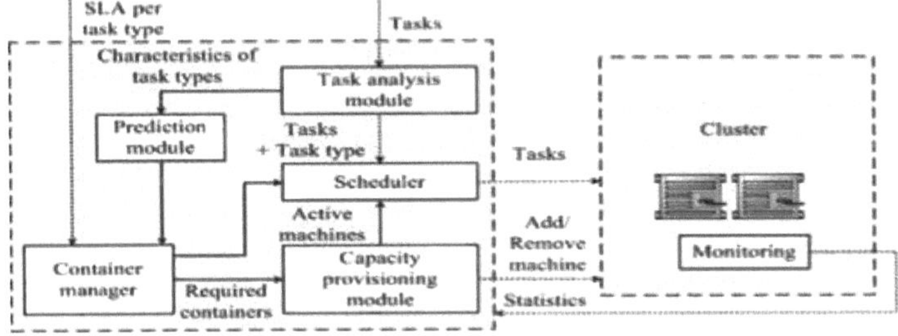

Figura 2.1: Arquitetura do sistema proposta em [3]

Em [4], o autor introduziu um novo método económico de aprovisionamento de recursos baseado na estrutura de serviços em nuvem MapReduce chamada Cura. O Cura tem uma série de vantagens únicas introduzidas pelo autor. Em primeiro lugar, o Cura foi concebido para fornecer uma solução rentável para lidar eficazmente com as cargas de trabalho de produção MapReduce que têm uma quantidade significativa de trabalhos interactivos. Em segundo lugar, ao contrário de outros serviços que exigem que os clientes decidam os recursos a utilizar para os trabalhos, Cura tira partido da definição de perfis MapReduce para criar automaticamente a melhor configuração de clusters para os trabalhos. Enquanto os modelos existentes permitem apenas uma otimização dos recursos por trabalho, Cura implementou um esquema de atribuição de recursos globalmente eficiente que reduz significativamente o custo de utilização dos recursos na nuvem. Em terceiro lugar, Cura aproveita oportunidades únicas de otimização quando lida com cargas de trabalho que podem suportar alguma folga. Ao multiplexar eficazmente os recursos disponíveis na nuvem entre os trabalhos com base nos requisitos do trabalho, a Cura conseguiu reduzir significativamente os custos de utilização de recursos para os trabalhos. Os principais esquemas de gestão de recursos da Cura incluíam o aprovisionamento de recursos com noção de custos, a programação com noção de VM e a reconfiguração online de máquinas virtuais.

Em [5], foi introduzido um método baseado em colónias de abelhas para um equilíbrio de carga eficiente, que se baseia no comportamento de procura de alimento das abelhas para equilibrar a carga entre VMs. Neste método, as tarefas removidas das VMs sobrecarregadas são tratadas como abelhas e as VMs subcarregadas são as fontes de alimento. Além disso, esta abordagem considera as prioridades das tarefas nas filas de espera das VMs e tenta obter um tempo de resposta mínimo e um número reduzido de migrações de tarefas. Os resultados práticos mostraram que há uma melhoria significativa na Qualidade de Serviço (QoS) utilizando esta abordagem.

Em [6], o autor introduziu um método de afetação de recursos com consciência energética, denominado *EnReal*, para enfrentar os desafios da afetação eficiente de recursos na computação em nuvem. Basicamente, o autor aproveitou a implementação dinâmica de máquinas virtuais para a execução de fluxos de trabalho científicos. Especificamente, foi apresentado um modelo de consumo de energia para aplicações implementadas em plataformas de computação em nuvem, e foi proposto um algoritmo correspondente de afetação de recursos com consciência energética para o agendamento de máquinas virtuais para realizar execuções de fluxos de trabalho científicos. A análise experimental deste método foi efectuada utilizando o simulador cloudsim.

Em [7], foi introduzido outro método de afetação de recursos eficiente em termos energéticos. O autor propôs o método DPRA (atribuição dinâmica de recursos com poupança de energia) para melhorar a eficiência energética. Este mecanismo DPRA não só considerou o consumo de energia da máquina física (PM) e da máquina virtual (VM), mas também abordou recentemente o rácio de eficiência energética do ar condicionado. Para além disso, o método de regressão dos mínimos quadrados foi utilizado para prever a utilização dos recursos da PM para atribuir VM e eliminar migrações de VM. O autor avaliou o método DPRA contra três outros métodos anteriores utilizando simulações.

Em [8], foi proposto um algoritmo recente de gestão da carga de trabalho e dos recursos para conseguir uma afetação eficiente dos recursos na computação em nuvem. Introduziram uma solução de auto-escalonamento proactiva e consciente dos custos para resolver os problemas dos métodos anteriores, combinando um modelo de previsão, um modelo de custos e uma funcionalidade de eliminação inteligente. Utilizaram um mecanismo de previsão de carga de trabalho baseado em previsões de séries temporais e técnicas de aprendizagem automática. Os resultados práticos mostram que o seu método de conjunto supera as técnicas individuais, bem como alguns dos modelos de conjunto popularmente utilizados, no que diz respeito à exatidão. Além disso, conceberam um algoritmo de escalonamento heurístico guloso para resolver o problema da atribuição de recursos, tendo em conta os factores de QoS e de custo. Este é um dos melhores métodos que estudámos. A Figura 3 demonstra a arquitetura concebida pelo autor para este método.

Em [9], o autor apresentou uma abordagem de fluxo de trabalho para o agendamento eficiente de recursos em sistemas de computação em nuvem. Primeiro, concebeu a estrutura do fluxo de trabalho e o modelo de recursos baseado em filas de espera.

3) Lacuna na investigação

A computação em nuvem surgiu como um paradigma extremamente bem sucedido para a implantação de aplicações Web. As principais razões para o sucesso e a adoção generalizada de infra-estruturas de computação em nuvem são a escalabilidade, a elasticidade, o preço de pagamento por utilização e a economia de escala.

Uma vez que a maioria das aplicações em nuvem é baseada em dados, os sistemas de gestão de bases de dados (SGBD) são um componente tecnológico integral na arquitetura geral do serviço. Os sistemas de armazenamento em nuvem estão a manter sistemas de bases de dados distribuídos.

Os sistemas modernos de computação em nuvem geralmente fornecem uma base de dados altamente escalável e tolerante a falhas que sacrifica outras caraterísticas. Muitas vezes, estes sistemas podem não suportar transacções ou restringir as transacções a um item de dados cada.

Recentemente, foram desenvolvidas com êxito técnicas para suportar transacções multi-itens neste tipo de sistemas, mas centradas em transacções entre armazenamentos de dados homogéneos. No entanto, é frequente as aplicações necessitarem de armazenar dados diferentes em sistemas de armazenamento diferentes, talvez por razões herdadas ou de interoperabilidade. Assim, é difícil efetuar a gestão de transacções em sistemas de bases de dados distribuídos heterogéneos.

Os sistemas de armazenamento em nuvem são as plataformas mais adequadas e populares para a implantação de aplicações Web modernas que contêm cargas de trabalho heterogéneas. A análise destas cargas de trabalho heterogéneas é necessária porque os requisitos de recursos podem ser diferentes, as prioridades diferentes e os objectivos de desempenho diferentes. Se se negligenciar a heterogeneidade do volume de trabalho, as aplicações Web podem ser prejudicadas em termos de desempenho devido a longos atrasos no agendamento, à inanição, etc. Por isso, a caraterização do volume de trabalho heterogéneo, ou seja, o agendamento de tarefas, é negligenciada nas abordagens anteriores. A atribuição de recursos é um fator que deve ser feito de modo a corresponder ao volume de trabalho ou à procura de tarefas.

Após a caraterização da carga de trabalho, deve ser fornecido um recurso adequado para ser implementado na nuvem.

Ao lidar com a computação em nuvem, as aplicações Web modernas devem proteger os dados dos utilizadores que viajam pela Internet de forma abusiva. Assim, as aplicações Web devem fornecer medidas de segurança para proteger os dados nos sistemas de armazenamento em nuvem.

4)   Declaração do problema

" Desenvolver um quadro híbrido para uma gestão de transacções segura e eficiente em termos energéticos, utilizando algoritmos adequados"

O objetivo da declaração do problema é desenvolver uma nova estrutura que possa interagir com os sistemas de base de dados heterogéneos e o sistema de armazenamento em nuvem. Nesta investigação, depois de analisar a heterogeneidade da carga de trabalho, é efectuada a caraterização da carga de trabalho e o agendamento de tarefas. De acordo com o agendamento, os recursos são atribuídos a diferentes tarefas e as técnicas de segurança, ou seja, a encriptação e a desencriptação, são executadas nos dados do utilizador para proteção através da nuvem e da Internet. Esta estrutura fornece técnicas de auditoria pública do utilizador, tais como inserir, atualizar, apagar, descarregar, de modo a que o utilizador possa manipular os seus dados em bases de dados heterogéneas e sistemas de armazenamento em nuvem.

5)   Metodologia

As aplicações modernas consistem num volume de trabalho diversificado em termos de diferentes prioridades, desempenho e requisitos de recursos. A análise do volume de trabalho das aplicações modernas baseadas na Web é o fator mais importante a ter em conta. As aplicações web modernas que lidam com a nuvem enfrentam problemas como longos atrasos no agendamento de tarefas, fome que pode prejudicar significativamente o desempenho da aplicação. Estes problemas ocorrem devido ao facto de não se ter em conta a análise do volume de trabalho. A análise da carga de trabalho pode ser muito eficiente através da qual é efectuada uma atribuição de recursos eficiente em termos energéticos. A caraterização da carga de trabalho é efectuada através da análise da carga de trabalho. A classificação das tarefas é um fator importante através do qual o desempenho da aplicação pode ser melhorado. A melhoria do desempenho da aplicação pode ser conseguida através da identificação dos requisitos da aplicação, tais como os requisitos de desempenho e de recursos.

O atraso no agendamento de tarefas é uma das principais preocupações das aplicações Web modernas por várias razões:- (1) Um utilizador pode precisar de aumentar imediatamente a escala de uma aplicação para responder a um aumento da procura e, por isso, exige que o pedido de recursos seja satisfeito o mais rapidamente possível.

(2) Mesmo para pedidos de menor prioridade (por exemplo, aplicações em segundo plano), um longo atraso na programação pode levar a uma situação de fome, o que pode prejudicar significativamente o desempenho dessas aplicações.

Na prática, porém, existe frequentemente um compromisso entre a poupança de energia e o atraso na programação. Embora desligar um grande número de máquinas possa permitir grandes poupanças de energia, ao mesmo tempo, reduz a capacidade de serviço e, por conseguinte, conduz a um elevado atraso na programação.

A não consideração da heterogeneidade das cargas de trabalho conduzirá a poupanças de energia abaixo do ótimo e a grandes atrasos na programação, devido à incompatibilidade entre os requisitos da carga de trabalho e os recursos oferecidos pelas máquinas aprovisionadas.

No contexto do agendamento de cargas de trabalho em centros de dados, uma métrica de particular importância é o atraso de agendamento, que é o tempo que um pedido aguarda na fila de agendamento antes de ser agendado numa máquina A caraterização da carga de trabalho em nuvens de produção tem recebido muita atenção nos últimos anos, uma vez que tanto o design do agendador como a atualização da capacidade requerem uma compreensão cuidadosa de

as caraterísticas da carga de trabalho em termos de taxa de chegada, requisitos e duração

Neste trabalho de investigação, após analisar a carga de trabalho heterogénea, a classificação das tarefas é efectuada utilizando o algoritmo de agrupamento k-means. Utilizando o agrupamento K-means padrão, mostramos que a carga de trabalho heterogénea pode ser dividida em várias classes de tarefas com caraterísticas semelhantes em termos de recursos e objectivos de desempenho. Após a análise da carga de trabalho, verifica-se que a composição da carga de trabalho é altamente heterogénea e dinâmica ao longo do tempo.

Neste trabalho de investigação, é considerada a heterogeneidade da carga de trabalho. Especificamente, começamos por utilizar a

Algoritmo de agrupamento K-means para dividir a carga de trabalho em classes de tarefas distintas com caraterísticas semelhantes em termos de requisitos de recursos e desempenho.

O quadro proposto, que foi concebido tendo em conta a natureza heterogénea da carga de trabalho, realiza as três operações seguintes

1)	Dividir as tarefas em classes de tarefas utilizando o algoritmo K-means, cujo principal objetivo é compreender as caraterísticas da carga de trabalho

2)	Uma vez obtida a caraterização da carga de trabalho, atribui-se o recurso, ou seja, máquinas virtuais, à tarefa caracterizada

3)	Efetuar operações de segurança na tarefa antes de a carregar nos sistemas de armazenamento em nuvem.

Para explicar o quadro, é utilizada a nuvem Amazon AWS. O trabalho centra-se principalmente na caraterização do volume de trabalho utilizando o agrupamento do volume de trabalho de entrada, na atribuição do recurso utilizando o AWS EC2 e na realização de operações de segurança, ou seja, encriptação e desencriptação.

O modelo básico do quadro é apresentado na figura seguinte.

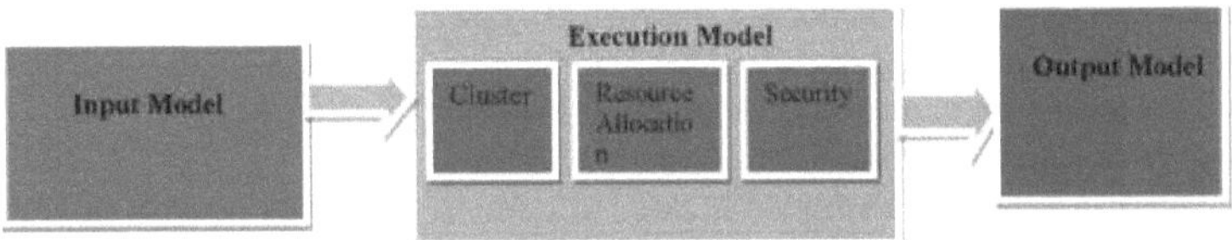

Figura 6.1: - Modelo básico do quadro proposto

O quadro proposto contém três modelos importantes

1) Modelo de entrada
2) Modelo de execução
1) Agrupamento
2) Atribuição de recursos
3) Segurança, ou seja, encriptação e desencriptação
3) Modelo de saída

O quadro comunica com a nuvem Amazon AWS para utilizar os vários serviços fornecidos pela Amazon. Os serviços são: -

1) Nuvem de computação elástica (EC2)

O EC2 é utilizado para atribuir os recursos, ou seja, máquinas virtuais

2) DynamoDB:-

O DynamoDB é utilizado para criar uma base de dados na nuvem que armazena informações importantes sobre utilizadores e ficheiros.

3) Sistema de armazenamento simples (S3)

O quadro executa a operação de encriptação nos ficheiros e estes ficheiros encriptados são armazenados no S3. Assim, para o armazenamento, é utilizado o S3, onde é criado um espaço especial para o quadro utilizado, denominado buffer.

A estrutura utiliza a base de dados MySQL para armazenar informações relacionadas com o utilizador e os ficheiros. No MyQL, é criada uma base de dados de "transacções" que é uma coleção de várias tabelas.

A estrutura utiliza o algoritmo de agrupamento k-means para a caraterização do volume de trabalho e para estabelecer classes de tarefas. Estas classes são formadas com base no tipo de ficheiro, no tamanho do ficheiro, etc. Com base nisso, são criados dois clusters. A estes clusters são atribuídos recursos, ou seja, máquinas virtuais, utilizando a nuvem Amazon EC2.

6) Ambiente de execução

Implementámos a estrutura de gestão de transacções no ambiente IDE java Netbeans. Contém muitos ficheiros, tais como ficheiros .jsp, ficheiros .java e ficheiros .servlet. A estrutura foi desenvolvida para trabalhar com a nuvem Amazon AWS. O quadro utiliza ficheiros heterogéneos, como ficheiros de texto, ficheiros de texto, ficheiros de apresentação, ficheiros Excel, ficheiros de imagem, ficheiros áudio, ficheiros de vídeo, ficheiros PDF, etc., a partir do caminho especificado pelo utilizador. Utilizando o algoritmo de agrupamento, o quadro cria dois agrupamentos destes ficheiros. A estes clusters são atribuídos recursos utilizando o algoritmo de atribuição de recursos para carregar os ficheiros nos sistemas de armazenamento em nuvem.

Os vários serviços fornecidos pela nuvem AWS são utilizados neste trabalho de investigação, como o EC2 para atribuir as máquinas virtuais, o DynamoDB para criar a base de dados, que é uma coleção de várias tabelas, e o S3 para atribuir o espaço separado a cada utilizador e armazenar os ficheiros encriptados dos utilizadores. O quadro utiliza o algoritmo Advanced Encryption Standard (AES) para encriptar e desencriptar os ficheiros especificados pelo utilizador.

Para além da base de dados Dynamodb, o quadro também funciona com a base de dados MySQL. Para utilizar a base de dados MySQL, é utilizada a ferramenta SQLyog Community 13.1.1 de 32 bits. A SQLyog Community 13.1.1 é uma ferramenta GUI para o RDBMS MySQL. É utilizada para criar várias tabelas que contêm informações relacionadas com os utilizadores, ficheiros e outras informações relativas à execução do quadro. O quadro separa cada utilizador, fornecendo um espaço separado para armazenamento através da utilização do Amazon AWS S3.

7) Fluxo de execução do quadro

O quadro é implementado no ambiente IDE Java NetBeans. O quadro funciona com os serviços de nuvem da Amazon AWS, como o EC2, o DynamoDB e o S3. O EC2 fornece os recursos necessários, ou seja, máquinas virtuais através das quais os ficheiros dos utilizadores são carregados no armazenamento em nuvem da AWS.

O Dynamodb fornece a base de dados para armazenar os dados de registo dos utilizadores e as informações relacionadas com os ficheiros. O S3 é utilizado para criar uma memória intermédia separada para a estrutura que contém ou fornece um espaço separado para cada utilizador armazenar os ficheiros carregados.

O quadro funciona igualmente com outra base de dados, a MySQL, que contém a tabela "transaction" (transação) para as informações de registo dos utilizadores e mantém os pormenores das informações sobre os ficheiros, bem como os valores da tabela gráfica. As páginas web necessárias para o registo do utilizador, o início de sessão, a atualização, a eliminação, etc., são criadas no módulo de páginas web em formato .jsp. Os ficheiros de entrada para o quadro são retirados do caminho especificado pelo utilizador. O ficheiro aws 79

contém todos os ficheiros necessários para comunicar com a nuvem. O agrupamento dos ficheiros é efectuado utilizando o ficheiro cluster.java.

O pedido de atribuição de recursos à nuvem Amazon AWS é enviado através do módulo EC2, que inclui o grupo de segurança necessário para a atribuição de máquinas virtuais (VM). O ficheiro Requst.java contém a especificação das máquinas virtuais. A base de dados MySQL é ligada à estrutura através do ficheiro GetMyConnection.java.

Neste trabalho de investigação, os ficheiros de tipos heterogéneos são tomados como entrada e são apresentados no quadro seguinte.

N.º Sr.	Tipo de ficheiro	Sr.No.	Tipo de ficheiro
1	Ficheiro de texto (.txt)	5	Ficheiro pdf(.pdf)
2	Ficheiro Word (.doc)	6	Ficheiro de imagem (.jpeg)
3	Ficheiro Excel (.xlsx)	7	Ficheiro áudio (.mp3)
4	Ficheiro de apresentação (.ppt)	8	Ficheiro de vídeo (.mp4)

Quadro 7.1: - Natureza heterogénea dos ficheiros

O quadro de gestão das transacções é desenvolvido utilizando algoritmos como o algoritmo de agrupamento k-means, o algoritmo de atribuição de recursos e o algoritmo de segurança. A estrutura considera a natureza heterogénea da carga de trabalho, que é a questão que não é considerada nas abordagens anteriores. Os métodos anteriores não consideram a importância da caraterização da carga de trabalho ou da classificação das tarefas.

8) Instalação experimental :-

A estrutura é implementada no ambiente Netbeans IDE 8.2. Contém diferentes ficheiros para clustering, atribuição de recursos e segurança. O quadro solicita aos utilizadores os dados de registo. Todas estas informações relativas ao utilizador são guardadas em ambas as bases de dados, ou seja, na base de dados MySQL e na base de dados Amazon AWS DynamoDB. O servidor MySQL 5.1 é instalado utilizando o ficheiro de configuração mysql-essential-5.1.54-win32. Para utilizar graficamente a base de dados MySQL, é utilizada a comunidade SQLyog 13.1.1 -32 bit.

O Amazon AWS Cloud está ligado à estrutura utilizando um ficheiro de credenciais que inclui aws_access_key_id e aws_secret_access_key, ou seja, a identificação de acesso e a chave de segurança para aceder ao AWS Cloud.

O desempenho da estrutura é medido num sistema informático de núcleo i3 que suporta NetBeans

80

com o sistema operativo Windows 10. Os ficheiros de entrada para o quadro são retirados do caminho especificado pelo utilizador. Os ficheiros de entrada são de tipo heterogéneo, incluindo ficheiros .doc, ficheiros .ppt, ficheiros .txt, ficheiros de imagem e de vídeo. O quadro pega nos ficheiros de entrada no intervalo 01,05,10,15,20,25,30. O quadro agrupa estes ficheiros, atribui recursos e executa a encriptação e a desencriptação dos dados dos utilizadores.

9) Metodologia experimental

A estrutura é implementada completamente no ambiente IDE Java Netbeans. A experiência é realizada num sistema com uma máquina core i3 na plataforma Windows10. A ligação à nuvem Amazon AWS é feita utilizando o ID de utilizador e a palavra-passe. Em seguida, vários serviços, como EC2, DynamoDB e S3, são definidos para serem utilizados pela estrutura para utilizar e armazenar as informações necessárias no local adequado.

Ao mesmo tempo, a base de dados MySQL é utilizada através do software SQLyog Community, que contém as informações necessárias sobre o quadro. Trata-se de uma tabela que contém informações importantes sobre o quadro, tais como os dados de registo do utilizador, as chaves genéricas dos ficheiros, os ficheiros nos formatos encriptados, etc.

Os ficheiros de entrada fornecidos ao quadro variam entre 01, 05, 10, 15, 20, 25 e 30. O agrupamento é efectuado de acordo com a entrada do utilizador e o agrupamento é criado por tipo de ficheiro do utilizador e tamanho do ficheiro. Estes clusters são atribuídos a máquinas virtuais para carregamento. O serviço Amazon AWS EC2 fornece as duas máquinas virtuais necessárias para que o quadro coloque os ficheiros na nuvem Amazon S3, mediante pedido através de codificação, ou seja, de forma dinâmica.

A base de dados denominada DynamoDB, que está presente na nuvem, contém um número de tabelas para armazenar informações importantes sobre os ficheiros. Contém informações como ficheiros carregados, ficheiros encriptados, diferentes chaves de diferentes ficheiros, informações sobre ficheiros eliminados nas várias tabelas.

O serviço de armazenamento da nuvem Amazon S3 foi utilizado para criar uma memória intermédia separada para o quadro. A cada utilizador do quadro é atribuído um espaço separado para armazenar os seus ficheiros. O quadro recebe o número de ficheiros do utilizador como entrada e, em seguida, encripta os ficheiros e coloca-os no armazenamento AWS S3 na pasta ou espaço adequado do utilizador. O administrador chamado "PKG" é criado pelo quadro que identifica os utilizadores autenticados na rede. Só após a permissão do administrador, cada utilizador pode trabalhar com os ficheiros na rede e pode descarregar o ficheiro, actualizá-lo ou eliminá-lo.

O utilizador não pode apagar o ficheiro diretamente na rede. O pedido de eliminação é enviado primeiro ao administrador. O administrador verifica a autenticidade do utilizador e, em seguida, é-lhe concedida a autorização de eliminação.

O desempenho do quadro é verificado através de parâmetros como o débito, a utilização da CPU, a eficiência energética, o tempo de programação e o tempo de resposta. A estrutura é comparada com a técnica de programação baseada em contentores (CBS), o método de atribuição dinâmica de recursos com economia de energia (DPRA) e o método de gestão de recursos com eficiência energética consciente do SLA para ambientes de nuvem (SLA).

10) Resultados e discussão

O quadro lida com uma carga de trabalho heterogénea, agrupando a carga de trabalho, atribuindo os recursos aos agrupamentos e garantindo a segurança dos dados do utilizador. O quadro é comparado com o Container Based Scheduling (CBS), o Dynamic Provisioning Resource Allocation (DPRA) e o SLA-Aware Energy Efficient Resource Management for Cloud Environments (SLA). Os principais parâmetros considerados para avaliar o desempenho do quadro são os seguintes

1) Rendimento
2) Utilização da CPU
3) Eficiência energética
4) Tempo de programação

5) Tempo de resposta

Os resultados após a execução dos ficheiros no intervalo a partir dos ficheiros de entrada 01,05,15,20,25,30 são recolhidos em forma de tabela para CBS, DPRA, SLA e trabalho proposto. Os ficheiros de entrada para o quadro podem ser de 1 a 30, pelo que o quadro pode carregar 30 ficheiros com encriptação no sistema de armazenamento em nuvem.

Todos os parâmetros de avaliação são apresentados em forma de tabela e em forma de gráfico. Ambas as formas, ou seja, a forma tabular e a forma gráfica, contêm valores para ficheiros na seguinte ordem

1) Rendimento:-

É uma medida de quanto tempo é necessário para carregar uma média de ficheiros nos sistemas de armazenamento em nuvem.

O seu cálculo é efectuado da seguinte forma: -

Valor do débito = Tamanho total do ficheiro / Número de ficheiros;

2) Utilização da CPU:-

É uma medida da percentagem de CPU utilizada pela estrutura para carregar os ficheiros. Para calcular este valor, é utilizado o método OperatingsystemMXBean ( ) para calcular a utilização da CPU.

É calculado da seguinte forma:

Utilização da CPU= utilização. cpuuti();

3) Eficiência energética

A eficiência energética é calculada para o processo de encriptação de ficheiros. É uma medida da alteração da duração da bateria dividida pelo número de ficheiros. Fornece a duração da bateria consumida em percentagem.

É uma medida da quantidade de vida útil da bateria do sistema consumida pela encriptação do número de ficheiros utilizados pela estrutura. É calculada em percentagem.

O seu cálculo é efectuado da seguinte forma: -

Eficiência energética = Alteração da duração da bateria / Número de ficheiros;

4) Tempo de programação:-

É o tempo que um ficheiro tem de esperar para ser encriptado. É calculado em segundos.

O seu cálculo é efectuado da seguinte forma: -

Tempo de programação = Tempo de atraso - Tempo de encriptação

O tempo de atraso é o tempo total para carregar os ficheiros fornecidos.

O tempo de encriptação é o tempo necessário para encriptar um ficheiro.

5) Tempo de resposta:-

É o tempo total gasto pelo quadro do início ao fim. É calculado em segundos.

O seu cálculo é efectuado da seguinte forma: -

Tempo de resposta = tempo de paragem - tempo de arranque

11) Comparação do sistema proposto com os sistemas existentes

Nesta secção, são apresentados quadros e gráficos dos parâmetros de avaliação. As linhas representadas no gráfico contêm as seguintes informações.

Como se pode ver no gráfico, a linha verde pertence à técnica SLA.

A linha vermelha representa o método CBS.

O fiapo azul representa a técnica DPRA.

A linha amarela representa os trabalhos propostos.

1) Tabela de rendimento e gráfico correspondente

Rendimento

Número de cervejas	CBS	DPRA	SLA	Proposta
1	34.8	37.8	29.8	41.0
5	33.0	34.9	25.8	45.0
10	32.5	40.2	31.5	49.8
15	30.0	33.0	20.0	34.0
20	32.5333333333333	34.5333333333333	25.5333333333333	37.5333333333333
25	30.2	33.2	27.2	35.2
30	42.1333333333333	46.1333333333333	40.1333333333333	56.1333333333333

Tabela 1: Tabela de rendimento

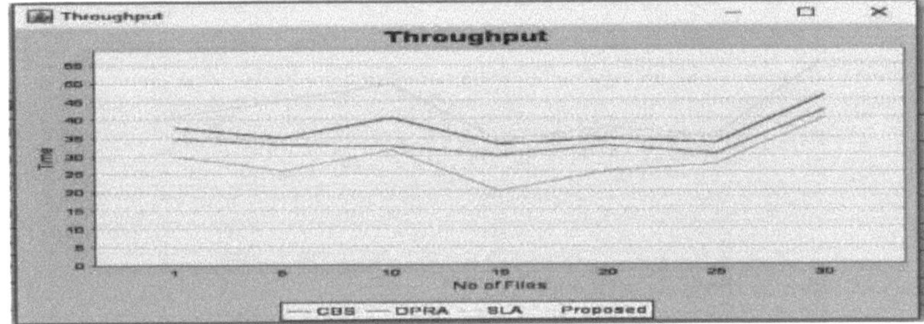

Figura 1:- Gráfico de rendimento

2)Tabela de utilização da CPU e gráfico correspondente:-

Utilização da CPU

Nº de ficheiros	CBS	DPRA	SLA	Proposta
1	75.7662532271742	60.6201706016467	84.5783550026281	44.5
5	59.4642312943613	68.8886741375679	77.8137782422531	54.8
10	70.2896897098159	55.2034043270667	68.499180325764	50.2
15	73.3066442914394	63.4667155606033	82.341939305287	52.3
20	69.0106642552488	74.26709581871	58.0926088246559	56.0
25	64.4315840219083	61.5799613557383	73.1052172255203	50.0
30	75.9188608029918	47.0303201436986	75.4475134971304	45.0

Tabela 2 Utilização da CPU

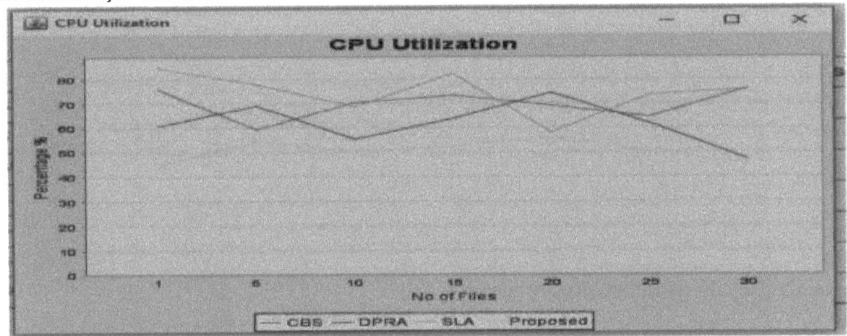

Figura 2: Gráfico de utilização da CPU

3)Tabela de eficiência energética e gráfico correspondente :-

Eficiência energética

Nº de ficheiros	CBS	DPRA	SLA<	Proposta
1	1.0	1.2	1.5	0.5
5	1.2	1.8	2.0	1.0
10	2.0	2.7	2.8	1.5
15	2.8	3.0	3.5	2.5
20	3.2	3.3	3.8	3.0
25	3.6	3.5	4.0	3.1
30	3.7	3.8	4.8	3.2

Quadro 3 Eficiência energética

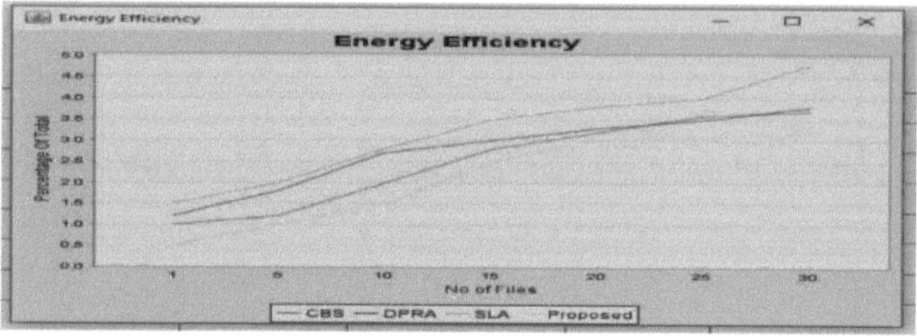

Figura 3:- Gráfico da eficiência energética

Tabela de tempos de programação e gráfico correspondente

Tempo de programação

Nº de ficheiros	CBS	DPRA	SLA	Proposta
1	28.265672626493	18.0456179413985	36.0334378604978	12.0
5	48.1918102960254	35.5735725858699	62.0	32.0
10	74.2238972529987	64.5223128264684	83.1485414101388	53.0
15	106.366729124045	96.5856476539691	1 15.352382321887	85.0
20	139.009055404584	129.342637852055	148.032282704401	1 18.0
25	166.17859428492	156.36583232438	175.1225367804	145.0
30	200.399130350597	190.132971724377	209.144261963723	179.0

Quadro 4 Tabela de horários de programação

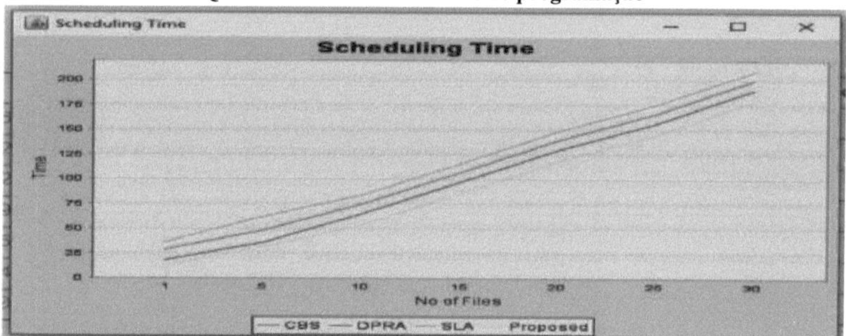

Figura 4:- Gráfico do tempo de programação

Tabela de tempo de resposta e gráfico correspondente:-

Response Time

Nº de ficheiros	CBS	DPRA	SLA	Proposta
1	47.147	57.147	67.147	22.147
5	77.163	52.163	82.163	39.163
10	143.897	143.897	128.897	88.897
15	1 17.753	137.753	177.753	102.753
20	245.1 58	245.1 58	216.158	196.158
25	226.047	225.947	226.447	202.447
30	300.812	274.812	312.812	254.812

Tabela 5 Tabela de tempos de resposta

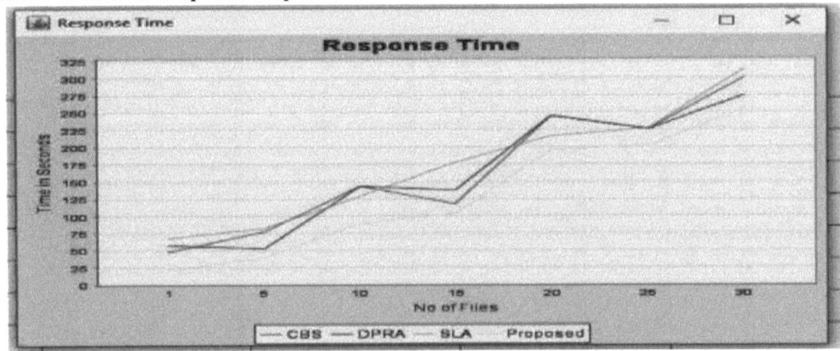

Figura 5:- Gráfico do tempo de resposta

10) Referências

[1] B. Hayes, "Cloud computing", Commun. ACM, vol. 51, no. 7, p. 9, Jul. 2008.

[2] R. G. Tiwari, S. B. Navathe, e G. J. Kulkarni, "Towards Transactional Data Management over the Cloud," 2010 Second Int. Symp. Data, Privacy, E-Commerce, pp. 100-106, Sep. 2010.

[3] Qi Zhang, Mohamed FatenZhani, RaoufBoutaba, Joseph L. Hellerstein, "Dynamic Heterogeneity-Aware Resource Provisioning in the Cloud", IEEE TRANSACTIONS ON CLOUD COMPUTING, VOL. 2, NO. 1, JANEIRO-MARÇO 2014

[4] BalajiPalanisamy, Aameek Singh, Ling Liu, "Cost-effective Resource Provisioning for MapReduce in a Cloud", IEEE Transactions on Parallel and Distributed Systems, 2014.

[5] K R RemeshBabu, Amaya Anna Joy, Philip Samuel, "Balanceamento de carga de tarefas em ambiente de computação em nuvem com base no algoritmo de colónia de abelhas", 5ª Conferência Internacional sobre Avanços em Computação e Comunicações, IEEE, 2015

Printed by Books on Demand GmbH, Norderstedt / Germany